JN188907

シリーズ
比較文化学への誘い
3

祭りから読み解く世界

山田孝子・小西賢吾 編

英明企画編集

刊行にあたって

祭りの観察から民族性と地域性の探究へ

地球上のどこに出かけても、その土地の人々が何らかの「祭り」と呼べる営みをしている様子をみることができます。これは昔も今も、変わることがありません。人間が暮らしていくなかで、「祭り」は欠かせないものと言えるでしょう。

現代においてこそ、「祭り」のなかには宗教的意味が伴わないものもみられますが、多くの場合「祭り」には、宗教的・儀礼的行為が不可欠です。たとえば日本国内をみると、農村には田の神に感謝する「収穫祝い」があり、漁村では「船祭り」や「船祝い」があります。都市では、京都の「祇園祭」や「葵祭」、石川県七尾市の「青柏祭」のように神社の祭礼として続いてきた祭りがあり、アイヌの人たちも「クマ祭り」を盛大な祭りとして行ってきた歴史をもっています。

では、こうした「祭り」は、私たちの生活においてどのような意味があり、どのような機能を果たしているのでしょうか。祭りには安全祈願、豊漁・豊作祈

願などの人々の願いが託され、毎年決まった時期に行うことで、1年の暮らしにリズムと彩りを与えてきました。また、祭りに参加して気分が昂揚する経験をした人は少なくないでしょう。参加者に一体感を醸し出す祭りの興奮は、それを営む集団の連帯と統合の維持効果をもちます。富める者が祭りの費用を負担するという財の散在行為からは、富の社会的平準化という機能もまた読み取れます。担い手のリクルートは集団としての規範の継承行為であり、コミュニティを維持する一つの装置となり得ます。

人々が「祭り」に託す願いや期待する機能は、それぞれの地域ごと、民族ごとに異なります。環境条件の異なる土地で「祭り」を営みつつ、人々はいかに集団としての暮らしを成り立たせてきたのか。本書を通じて比較文化学の視点から世界各地の「祭り」をみることが、それを営む人々の民族性と地域性を読み取る手がかりとなることを願っています。

編者 **山田孝子**

祭りから読み解く世界　目次

1
2
3
4
5
6
7
8
9
10
11

1 スウェーデン

▲ミッドサマー
夏の訪れを祝う夏至祭り

4 エチオピア

▲断食(ラマダーン)明けの大祭
神に感謝し祝宴を行うムスリムの祭り

7 インド

▲ガネーシャ祭礼
西インド最大規模の祭り

▲ホーリー祭
ヒンドゥー教の春祭り

2 スイス

▲バーゼル・ファスナハト
スイス最大のカーニバル

5 カザフスタン

ナウルズ
春の訪れとイスラーム暦の新年を祝う

3 スペイン

▲トマティーナ
「トマト祭り」の通称で知られる収穫祭の一つ

6 トランス・ヒマラヤ ラダック

▲ストック・グルツェチュ
チベット仏教僧院の祭礼

8 中国青海省

▲ルロ祭り〈同仁県〉
頬などに串を刺して踊り、血を奉納する

本書でとりあげる 世界各地の祭り

12

13

14

9 モンゴル

▲ナーダム
国をあげて行われる民族の祭典

10 中国四川省 シャルコク地方

▲マティ・ドゥチェン
ボン教(ポン教)の僧院での祭礼

▲山の神のお祭り
神のいる山を望む丘での儀礼

11 シベリア サハ共和国

▲ウセフ(夏至祭り)
サハにおける最大・最重要の儀礼

12 アメリカ

▲クリスマス〈大統領官邸のツリー〉
イエス降誕祭。催事として多くの国で定着

13 グアテマラ

▲セマナ・サンタ(聖週間)
復活祭前の1週間、山車が街を練り歩く

14 ボリビア

▲オルーロのカーニバル
ユネスコ無形文化遺産の一つ

本書でとりあげる日本各地の祭り

1 北海道

▲まりも祭り

2 青森県

▲ねぶた祭

3 秋田県

▲角館のお祭り
なまはげ

4 茨城県

金砂大田楽

5 石川県

▲あえのこと

▲青柏祭

▲金沢百万石まつり
キリコ祭り
石崎奉燈祭り
輪島大祭
アマメハギ

6 岐阜県

▲古川祭

7 愛知県

名古屋まつり

8 京都府

▲祇園祭

▲葵祭

9 兵庫県

▲篠原厳島神社
春の例大祭
神戸まつり
だんじり祭り

10 高知県

▲椿山の虫送り

11 福岡県

▲博多祇園山笠

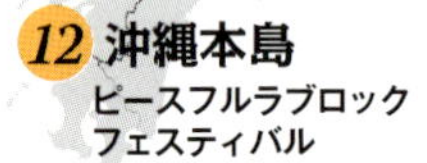

12 沖縄本島

ピースフルラブロック
フェスティバル

13 沖縄先島諸島

▲節祭り〈西表島〉

座談会 I

祭りが現在に伝えるもの

世界の多彩な祭りの歴史・意義・構造

●参加者●

大森重宜／小磯千尋／小西賢吾／アヒム・バイヤー／
本康宏史／山田孝子／ジェームス・ロバーソン

千年を超える伝統を有するものからイベント性の強いもの、
少人数で粛々と営まれるものまで、世界には無数の多彩な祭りがあります。
その根幹に共通して存在するのは、社会や集団の安寧と豊穣、永続などの祈り。
こうした世界の祭りのありようからは
祭りを営む民族や社会が育んできた歴史と価値観がうかがえます

小西賢吾●祭りは、いかなる民族、集団、社会にも存在すると考えられるもので、またそれはその集団や社会の姿を体現していると思われます。世界の祭りを比較しながら、その本質を探ってみたいと思います。

世界の祭りの諸相をみる
——込められる祈りと意味の違い

小西●世界の祭りを比較するときのポイントは、①「祭りを行う民族や集団、社会にとって、その祭りがどのような意味を持っているのか」、②「非日常の空間である祭りが日常の社会とどのように関係しているか」ということだと思います。この点についていくつかの問いの軸を立てることによって、比較検討ができると思います。

山田孝子●もう一つ、世界各地のさまざまな民族についてみると、儀礼(ritual)と祝祭(festival)とが一体となった祭りをしている集団のほうが多いと思います。その点を押さえたうえで祭りを考える必要があります。世界宗教以外の土着的な信仰をもつ民族は、それぞれたくさんの儀礼をもっています。そのなかには、一見すると祭りのようにはみえなくても、何かを祓うといった儀礼的・宗教的な目的をもちつつも、集団が楽しむ場ともなっているものが含まれます。ですから、儀礼に込められている祭りとしての要素にも気を配る必要があると思います。

暮らしのリズムに合わせて決まる祭りの時期

山田●祭りについて考える入り口として、それが1年のうちいつ行われるのかという時期の問題に、まずは着目すべきだと考えます。

小磯千尋●祭りは農事暦[1])などと密接な関係がありますからね。

大森重宜●古来、季節の移り変わりを把握して暦を作ることは、たいへん難しく重要なことでした。これに間違いがあったら、祭りの日を間違うどころか、農作物、とくにコメがとれないわけですからね。

山田●祭りは1年の暮らしのリズムのなかで行われます。とくにシン

---

1) 種まき、施肥、収穫など、季節ごとに行う農作業と、それに関わる年中行事が定められた暦および暦法。

プル・ソサエティでは、祭りが行われる季節の意味が明瞭です。ヨーロッパの世界でも、祭りは季節や暮らしのリズムと密接に関わっているように思いますね。

アヒム・バイヤー●ヨーロッパに残っている、キリスト教の布教以前の祭りもそうです。たとえば3月か4月ごろには、村で大きなたき火をして春の訪れを喜び、祝う祭りがあります。

山田●カナダのイヌイットの人たちは、冬至が過ぎた頃に大きな祭りをしています。真っ暗で月しかない季節のなかで、太陽が初めてほんの少し現れ始めることを祝うものです。

小磯●インドでは、力が弱くなっている太陽を元気づけるという意味で、冬至にブランコをこいだり、凧揚げをしたりする儀礼があります。

山田●たとえばスウェーデンなど北欧では、夏至のころに火を焚く大きな祭りがありますね。こうした火の祭りがヨーロッパの各地にあったことは、ジェームズ・フレイザー[2]のころから報告されています。

繁栄祈願、穢れ払い、娯楽としての祭り

小西●祭りの本質を考える際には、生業との結びつきも重要だと思います。農耕に関わる祭りもあるし、漁撈に関わる祭りもあるし、狩猟採集の祭りもあります。人間が集団で暮らすときには、その集団内の結びつきの度合いもまた生業によって変わる。祭りの内容や構成に大きく影響すると思います。

山田●集団が暮らしていくなかでは、平穏ないい状態がいつまでも続くことを願う思想があるはずです。儀礼と結びついた祭りはとくにそうですが、「また次の年もいい年でありますように」という願いが込められているのではないかと思います。

小西●能登のキリコ祭り[3]では「イヤサカサッサー」とか「ヤッサーヤッサー」という掛け声を使います。これは「弥栄（いやさか）」、つまり「ずっと繁

2) James George Frazer (1854−1941)。英国の民族学者。宗教文化研究の先駆者で、原始宗教や儀礼・神話・習慣などを比較研究した『金枝篇』を著した。

3) 石川県能登地方の各地で毎年7月〜10月に行われる祭り。高さ数メートル〜十数メートルのキリコ（切子）と呼ばれる大型の灯籠が練り歩くのが特徴。詳細については本書127ページからの小西賢吾による論考を参照。

栄しますように」という願いですね。

バイヤー●いい状態が続くことを願うという意味では、とくに農耕民にとっては、毎年同じ順番で季節や気象状況が巡ってくることが重要です。そこで神様に、毎年きちんと順番どおりに起こるように祈る。

一方で、仏教のアビダルマ[4]では、天候不順は「業」、因果の結果だと考えています。天候不順は神の意志によるのではなく、人それぞれと社会全体の善悪行為が環境に影響を与えるという説です。たとえば一般の人が仏僧に布施をあげることは良い行為とされます。

小西●天候不順の原因を神様に帰するのか、「日頃の行い」として自分の行動に帰するのか、それについての捉え方が重要だと思います。たとえば因果応報ということばがあるように、自分の行いで何かが起こってしまうという発想は、アジアでは共有されているように思います。

大森●それは罪穢れ[5]の話と関係しますね。業というのは、地域全体の行為でも、個人の行為でも生じます。宮司だった私の祖父があるゴルフ場の社長に「山を崩して木を切ってゴルフ場を作ることがどんな罰当たりなことかわかっているのか。少なくとも祠を建てて、月に一度でもいいから山の神に謝罪しろ。さもなくばこの地域はとんでもないことになるぞ」と言っていたことを思い出します。日本人は、「現状を変化させることは恐ろしいことだ」という感性をもっていると思いますね。

小西●「穢れ」に関して言うと、多くの祭りには「祓う」要素があると思います。悪いものを何かの方法で除去するというモチーフは、通文化的にみられると思います。

チベットのシャルコク地域のお祭りでは、人びとの罪穢れの象徴として、練ったオオムギの粉で作った人形が登場します。仮面をつけて

---

4) 仏の教説を理論的にまとめたものの一つ。初期仏教から説かれていた法（教え）と律（教団の規則）に加えて、釈尊の没後に分裂した部派仏教ではそれらを研究した論（アビダルマ、アビダンマ）が多く書かれた。現在残されているものでは、迷いと悟りについて詳細に論じた仏教の基礎的教学書である倶舎論（阿毘達磨倶舎論、アビダルマコーシャ）などが知られる。

5) 生業を妨害し規範を犯して集団の秩序を破壊するのが罪で、穢れは忌まわしく不浄な状態。穢れはとくに人畜の死、疫病、出血を伴う月経・出産などによって生じ、集団にとって精神的によくないこととされ、回避や排除の対象とされた。

神が乗り移った僧侶が槍や剣でそれを切り刻んで、村はずれに捨てるのが祭りのクライマックスです。シャルコクの人びとは、これはすごくありがたいと同時に恐ろしいことだと言います。なぜなら祭りまでの1年間に悪いことをしていたら、僧侶が人形に攻撃することで自分の罪も攻撃される。それによって自分の身にも悪いことがあるかもしれないと考えているようです。穢れを具体的なかたちにしてそれを捨てることが、みんなに大きな影響力を持っていると感じましたね。

山田●チベット仏教の僧院でも、年に1回は村人すべてが集まる祭りがあって、そこでは仮面舞踏が行われます。仮面をつけた僧侶は仏が憑依しているとみなされます。そこで踊る僧侶は、半分仏になって、トランス状態になって踊っているんですね。現代の若い人はどうかわかりませんが、1980年代には本当の仏様が来ているものとして、みんなありがたがってみていました。

また、ラダックの場合には、ほとんどの僧院の祭礼が冬に行われます。つまり冬は農作業が終わってみんなが静かに暮らすときで、僧院の祭礼は仏様のありがたみがわかると同時に楽しみでもある行事です。

本康宏史●冬場の娯楽という要素ですね。

山田●農閑期のあいだの唯一といっていい楽しみであって、少々遠くてもあちこちの僧院にみんなが出かけるわけです。

祭りにみられる神仏の憑依と仮面

小磯●私も夏にラダックのヘミス・ゴンパで僧院の祭りをみましたが、まさに仮面が主役のようなお祭りですね。高地であの仮面を被って踊ると、酸素不足もあってかなりトランス状態になりますよね。

小西●しかもそのダンスが旋回運動ですからね。ずっとクルクル回り続けるから、薄い空気もあって変性意識状態になって、本当に神仏と一体化する感覚になるのかもしれない。

小磯●祭りで巨大なタンカ(Thangka)[6]を掛けている僧院もありましたね。

---

6) チベット文化圏において、仏や菩薩、さまざまな神々などをモチーフに描かれたいわゆる仏画の総称。線の描き方や配色などが詳細に決められている。単なる絵画ではなく、僧院や各世帯の仏間などに掛けられて儀礼に用いられる。宝物として所蔵される貴重なものは特別な機会に人びとに公開されることもある。

▼写真1〈上左〉中国四川省松潘県のチャム
神がみが現実世界に出現することを示す宗教舞踊であり、旋回運動が大きな特徴。踊り手である僧侶にとっては重要な修行の一環でもある

▲写真2〈上右〉西表島星立地区の節祭りの来訪神ミルク(弥勒)
八重山地方では、海の彼方から訪れて五穀豊穣をもたらす神として仮面を被った姿で祭りに登場する

山田●祭りは、そういう聖なるもの、ありがたいものをみられる機会にもなっています。

小西●チベットの祭りでは、儀礼や信仰という面がやはり見逃せません。仏や神など、聖なるものの存在感がないと祭りは成り立たない印象がありますね。それがないとバラバラになって、焦点がぼやけてしまう。西洋のたとえばキリスト教の聖人の祭りなどでは、同じような面もあるのかもしれません。

山田●キリスト教の祭りとチベット仏教の祭りとで大きく違うのは、神に憑依された人たちの存在です。キリスト教では出てこないでしょう。ラダックの僧院の祭りのなかでも、ラー[7)]という神の憑依した人が登場する祭りはとくに人気です。

ジェームス・ロバーソン●日本の祭りにも仮面を使う祭りはありますか。

山田●たとえば秋田には、なまはげ[8)]がありますね。

小西●能登には「アマメハギ[9)]」もあります。

本康●仮面を被って異人になったり聖なるものになったりして、地域

---

7) 仏法に帰依することになった土着の神々で、チベット仏教では輪廻の六道のうちの一つである天に住む神々とされる。輪廻から抜け出すことができず、悟りの境地には達し得ないものとみなされる。

8) 秋田県男鹿半島地方の小正月の年中行事。仮面と蓑をつけて家々を訪れ、子どもを戒め、祝言を述べる訪問者自体のことも指す。鬼化した来訪神といわれる。

9) なまはげと同様に、正月や小正月に、仮面などで仮装した若者、子どもが家々を回る。アマメとは、いろり端に座り続けているとできる「火たこ」のことで、これをはがしに来るアマメハギには怠け者を戒める意味があるといわれる。

▶写真3
神戸市灘区
五毛神社の春祭り
に登場する天狗
触れられると邪気が祓われ健康になるとされている

の各家に来訪する。無病息災や田畑の実りをもたらす来訪神[10]ですね。沖縄にも多くあります。

山田●八重山諸島やトカラ列島でも、仮面を被った来訪神が登場する祭りがあります。神社の祭りで天狗のお面を被ることも、あちこちでみられますね。神戸の私の家の近くの神社の春祭りには天狗が出ます。仮面を被って高下駄を履いて、家々をまわって祝福をしていく。邪気が祓われるとされているので、子どもも触れてもらったりします。

本康●石川県では獅子舞がよく知られています。能登・加賀と金沢とでは、獅子舞のパターンが少し違います。金沢は、獅子頭がついた大きな蚊帳のようなものの中に笛や太鼓、三味線の奏者など4、5人が入って、演奏しながらゆっくりと流していくパターンです。加賀や能登の場合は獅子が暴れて、最後には倒されます。その倒す側に天狗が出てくるものもあります。

民衆のストレス対策としての都市祭礼

小西●金沢の獅子舞は「金沢百万石まつり[11]」でもみることができます。最初から獅子舞が参加する形式だったのですか。

---

[10] 季節の変わり目などに異界から人間の世界を訪れ、豊穣や幸福をもたらすとされる神々のこと。世界各地でみられ、多くは若者が仮装し、異形の姿をとる。

[11] 前田利家の金沢城入城（1583年6月14日）にちなんで、毎年6月に金沢市で行われる。メインイベントの「百万石行列」では、利家と妻のまつに扮した俳優をはじめとする武者行列や獅子舞、マーチング・バンドなどのパレードが中心市街地を練り歩く。詳しくは本書97ページからの本康宏史による論考を参照。

本康●百万石まつり自体があの形態になるには、さまざまな事情がありました。現在では、ようするにパレードになっていますよね。この百万石まつりのルーツの一つは、「盆正月」という行事です。前田家に慶事があったときに、各町内で競って趣向を凝らした作り物を仕立ててパレードをした。それが由来になっていますから、その意味では金沢らしいというか城下町らしい都市祭礼ですね。

ロバーソン●行列、パレードというものも、祭りを考えるうえで一つの切り口になると思います。日本の祭りに登場する山車や行列には京都からの影響があって、ねぶた祭り[12]にもつながっていると聞いたことがあります。金沢の祭りにも京都の祭りからの影響がありますか。

本康●金沢の城下町の文化のベースには、京都の文化があることは間違いないと思います。しかし祭礼については、金沢は少し特殊な事情があるのです。前田利家が入る前の金沢は、浄土真宗[13]が強い土地でした。織田信長と豊臣政権を敵対視していた地域に入った利家は、まずは浄土真宗を徹底的に弾圧する必要があったわけです。そこで従来のお寺をすべて城下の外に移すかわりに本願寺を二つ作って、そこに仏教的な統制を担当させる。さらには五つの神社を指定して、それぞれのエリアの住民を監督させる組織を作りました。

こうした宗教的な事情から、町民が集まって騒ぐこと自体を危険視していたので、たとえば博多の祇園山笠などのような、町人が集まって盛り上がる祭りはさせなかったわけです。それぞれの神社では縁日があって、踊りや芝居もあったと思いますが、まちを挙げての祭りはなかった。その代替が盆正月です。ずっと抑圧しているとストレスが溜まるから、何年かに１回はワーッと騒ぐことを許す。許される理由が前田家の慶事です。前田家を祝うことにかこつけてみんなで騒ぐ、

---

12) 巨大な紙製の山車灯籠が練り歩く祭りで、青森県の津軽地方で毎夏行われるものが有名。青森では「ねぶた」、弘前では「ねぷた」とよばれ、他にも多くの町で行われる。秋田県能代市にも「ねぶながし」という類似した灯籠が出る祭りがある。

13) 鎌倉時代初期、浄土宗の開祖である法然の弟子・親鸞（1173−1262）が創始した仏教の一派。一向宗ともよばれる。とくに加賀ではこの一向宗門徒が強い勢力を持ち、一揆によって1488年には加賀国守護富樫政親を攻め滅ぼし、以後長期にわたって加賀国内の実権を握るほどだった。

カーニバル化することが続いてきたようです。

ロバーソン●つまり、政治的な事情をかなり考慮した祭りということですね。

本康●そうだと思います。そもそも都市祭礼自体が政治的なもので、それは京都の祇園祭にしてもそうです。

山田●あれだけ規模が大きい祭礼ですから、為政者のなんらかの意図があるでしょうね。

日本における祭りの伝播と地域的特性

ロバーソン●日本の祭りには、あるところから伝わって拡がったものと、その地域に根ざした、独自に発展したものとがありそうですね。そもそも日本の祭りの地域性というのは、強いと考えてよいのでしょうか。

本康●もちろん、日本各地の祭りには強い地域性があります。一方で、祭りの伝播という話は、なかなか証明することが難しいのです。たとえば、七尾の祭りが新潟に伝わって、秋田に伝わって、さらには青森のねぶたに伝わるという説が言われることもありますが、それをどう証明できるかとなると、かなり議論があります。

山田●能登地域の祭りをみると、形式が似ているものがありますよね。

本康●ある一定のエリア内での形式の共通性はあると思います。

山田●そういう共通性が感じられるエリアと、まったく違った形式の祭りが発展している地域とで、やはり地域的な差はありますよね。

ロバーソン●その地域性はコメ作りと関係があるのですか。

山田●コメ作りとの関係は、地域性としてはあまりみられないと思いますね。コメの収穫後には必ず秋祭りがありますから、その点ではむしろ共通しています。

本康●おそらく祇園祭などの都市祭礼の場合は、疫病を流したり、災厄を避けたり、都市住民のストレスを発散したりする機能がある。村々の秋祭りは収穫感謝の祭りなので、やはり性格はかなり違うと思います。

ロバーソン●コメ作りの文化は、日本だけではなくアジアの他の国にもありますね。そうした国の祭りと日本の祭りとで、何か共通点がみられるのでしょうか。

小磯●私が調査したインドのガネーシャのお祭り[14]は、もともと農耕民の祭りで、コメ作りとの関係が深いと思います。ガネーシャは象の頭と人間の体を持った神様で、あの巨体ですがネズミを乗り物にしているんですね。ネズミはコメを食べてしまう、農耕民にとって危険なものです。それを抑えるという意味でガネーシャが祀られていたのだと思います。また、ガネーシャの母親であるパールヴァティーは農耕の女神とされるガウリーの化身とも捉えられているので、コメの文化とは密接に関わっています。ただし、その祭りは現在ではカーニバル的なものになっていて、日本の祭りとの共通点は明確にはみられません。

祭りにみられる厳粛性と解放性
——儀礼、祝祭、イベント

家畜に関わる牧畜民の祭り

小磯●牧畜民の人たちも、繁殖の時期などに合わせてお祭りをするのですか。

山田●すべての牧畜民についてはわかりませんが、中央アジアからシベリアまでの牧畜社会では、年に一度の大型家畜の出産時期が季節の大きな節目になっていますし、祭りの時期でもあります。モンゴルでもシベリアのサハでも、もともとの主要な家畜はウマです。ウマの出産時期は春のはじめで、出産すると新鮮なミルクが採れて馬乳酒が作れますから、その時期に合わせて最大の祭りがあります。モンゴルのナーダム[15]もサハのウセフ[16]も、馬乳酒がたくさんある時期に行われます。

シベリアのサハは、冬は越冬用の住居に住んで、夏になるとテントに移ります。ですからウセフは、冬の住居から夏の住居に移る時期の祭りでもあるわけです。

バイヤー●ドイツの牧畜では、冬のあいだは高度の低いところですご

---

14) 本書83ページからの小磯千尋による論考を参照。
15) モンゴルで夏に行われる国内最大の祭り。モンゴル相撲や競馬などが行われる。
16) 夏至祭り。馬乳酒の祭りともいう。29ページからの山田孝子による論考を参照。

►写真4
ガネーシャの祭礼
祭りの最後にはガネーシャの神像を川などの水場に流す。水場に向かう行進はカーニバル的色彩を帯びる。詳しくは83ページからの小磯千尋による論考を参照

して、暖かくなると山の上に移動します。秋になって、ウシが成長してお金に換えられる時期には、下山するための決まった日があって、ウシに花などの飾りを付けて祝う祭りを行います。

本康●飾るというのは、まるまる肥えてうれしいということを表現しているのでしょうね。生け贄の意味もあるのですか。

バイヤー●キリスト教では供犠はしませんが、肉は食べます。それはキリスト教化以前の多神教の文化の影響のようです。

誕生日を祝わない？――人生儀礼にみる世界との差

バイヤー●祭りは1年のなかでリズムを刻むものですが、人生のなかでも刻まれるリズムがありますね。たとえば誕生日がその一つですが、じつはチベットでは個人の誕生日はお祝いしません。自分の誕生日がいつかわからない人が多くいます。みんなの誕生日が新年といっしょで、ロサル[17]、新年の祭りで歳をとる。新年の前に生まれたら、新年が来た時点で2歳です。

小磯●日本の数え年のようなかたちですね。

山田●同じチベット文化圏のラダックでも誕生日のお祝いはしませんし、生まれてすぐの子どもは、1か月間は外に出ることはありません。

---

17) チベットの正月。チベット語で「ロ」は「年」、「サル」は「新」を意味する。伝統的にチベット暦でされてきたが、中国領内では中国で広く用いられる太陰暦の正月に祝うことも多い。

1か月後に儀礼をして、初めて親戚にお目見えします。

バイヤー●同様に、生まれたばかりの子がいるときは、その家は訪問しないほうがいいとされています。

本康●日本では産屋[18]とか穢れという問題がありますね。チベットの場合はどういう理由からですか。

山田●ラダックでは、穢れよりもむしろ邪視など、さまざまな危険が子どもに降りかかることを問題にしていますね。子どもにはたいてい邪視除けのお守りをつけます。

バイヤー●来訪者が黴菌を持ち込むことを恐れているのだと思います。

本康●乳幼児死亡率が高いですからね。自然とそういう仕組みが生まれたのかもしれません。

山田●子どもが生まれて1か月のあいだは、子どもの食事と家族の食事とは別の火で料理をします。

バイヤー●おそらく昔のヨーロッパでも、自分の誕生日を知らない人は多かったと思います。公教育が発達したら、だんだん個人的になってきました。

小西●近年ではチベットでも、ところによってはバースデー・ケーキを食べて誕生日を祝う家庭も出てきているようです。たしかに儀礼が個人化する傾向が強まっているのかもしれません。日本の成人式にしても、近年の都市部では参加したい人が参加するだけのものですし、地域でするというよりは、個人ベースでするようになっている。

バンジー・ジャンプと就活——成人儀礼の意味と意義

山田●個人化とは逆のケースとして、アフリカの女性の成女儀礼と男性の成人儀礼がありますね。アフリカでは、男性の場合、たいてい割礼式ともなっていますが、何年かおきに行われ、成女儀礼もまた、毎年ではなく何年かおきに、初潮を経験した女性の数が集まったら行われます。このとき成人儀礼をいっしょに受けた人たちは、ある種の年齢集団になります。個人化とは逆に、集団として年齢を意識し

[18] 穢れた者を社会的に隔離する小屋の一つで、出産時の女性を隔離するもの。出産の場となるとともに、産後しばらく家族と別生活をする場所となる場合もある。

ながら仲間意識を育てていく。

本康●かならずしも生物的に同じ歳ではないけれども、儀礼をしたときが同じ年代であるという仲間意識ですね。

小磯●姉妹のような感覚をもつということですか。

山田●姉妹というわけではなく、仲間意識をもった集団になるというかたちです。東アフリカの牧畜民では、12年おきに成人儀礼、割礼式があって、そこに参加した集団が年齢組として社会組織の一つになることが知られています。ある年齢組の人が集団で若者組、年長組、年寄組となっていって、社会的な役割を段階的にいっしょに経験していく。

小磯●男性の成人儀礼では、たとえばバンジー・ジャンプのような通過儀礼をすることもあるのですか。

山田●バンジー・ジャンプの発祥の地はメラネシアですね。もちろん民族によって違いますが、成人儀礼のときに何か試練を課せられて、それを達成しなければいけないということがよくあるようです。

小西●授業でよく話すのですが、現代日本の学生にとっての成人儀礼は、成人式ではなく入試と就活だと思います。みんな隔離されたところで試練を与えられて、それを突破することによって次の身分に変わっていく。

儀礼についてもいわゆる祭りについても、そこで誰が何をするのかに注目すると、その地域社会の構造が見えてくるように思います。長老や年長者は何をして、若者は何をするのか。成人したとみなされる人がするべきこともあるだろうし、子どもが役割を与えられる場合もある。祇園祭の稚児さんがそうですね。祭りによっては子どもは遊んでいるだけのこともあるし、男性・女性で役割が違ったり、アクセスできるところが違ったりする祭りもある。こうした部分にも注目すると、いろいろな比較ができると思います。

祭りを彩る音楽の魅力――祇園囃子と太鼓のリズム

小西●祭りでは音楽も重要な要素になりますね。音楽は人の気持ちを盛り上げもするし、厳粛にもする。日本の祭りで言えば、たとえば祇園祭の山鉾巡行では、はじめに四条通を八坂神社に向かって山鉾が進むときには神様に捧げるお囃子なので、厳かで静かな曲調で、曳き手も厳粛な気持ちで曳く。しかし、参拝を終えたあとの帰り道になると一気に賑やかな曲調になって、みんなが楽しい雰囲気になっていく。

チベットでも、お寺の儀礼のときの音楽にはすごく厳粛なものがあって、それを聞くと「畏まらないといけない」という気持ちになります。

小磯●インドのガネーシャの祭礼の最後には、ガネーシャの像を川に流しに行くパレードが行われて、そこではドールという太鼓とゴングのような銅鑼が鳴らされます。その大音量を聞くと血が騒いで、みんなが興奮するという独特の音楽です。お祭りの季節になると若者たちがグループで練習して、代々受け継がれています。

それとは別に祭りでは、フィルム・ソング[19)]もガンガン流されます。40個ほど積み重ねられた大きなスピーカーから、騒音公害になるくらい、とにかく賑やかにしますね。

小西●そもそも音楽は、祭りのときに演奏されていたものが独立して、普段から聞くものや観客に聴かせるものとして定着したという歴史もあると思います。芸能もそういう面がありますね。

ロバーソン●日本の祭りで太鼓を使い始めたのはいつからですか。

本康●日本の祭りでは古代から使われていたようですね。

山田●シャマニズムの世界では、タイコはシャマンのトランス状態をもたらすために、必要不可欠で重要なものとなっています。1980年頃のことですが、カナダのバンクーバー島のセイリッシュ(Salish)[20)]の人たちのドラミング集会で、人々が輪になってタイコのリズムに合わせて踊っていくなかで、ひとり、ひとりとトランスになり倒れ込んでいくのをみたことがあります。そのとき、タイコのリズムがトランス状

---

19) インドの主要産業である映画は各言語を合わせると年間900本以上製作されている。インド映画を特徴づけるのは歌と踊りが入ったミュージカル形式である。そのためインドではポピュラー音楽といえばフィルム(フィルミー)・ソングということができ、大衆の心をつかんできた。祭りなどの祝祭の場でも、懐かしいフィルム・ソングが大音響で流される。

20) カナダの太平洋岸地域、バンクーバー島東岸、その対岸のコロンビア川河口からアメリカのワシントン州の太平洋岸地域に暮らしてきた先住民で、北西海岸文化をもつことで知られる。

►写真5
ガネーシャの祭礼での行進
行進に不可欠な太鼓のリズムに陶酔する参加者

態を引き起こしうることを実感したのを覚えています。シャマンのタイコは精霊を呼び出したり、魂を別の世界に移動させたり、聖なる意味で用いられますが、リズムによって人の心拍に共鳴し、トランス状態にさせるという実際的な効果があります。そこから音楽として発展していったということは考えられますね。

音楽のことでいえば、チベットのロサルでは、みんなが集まって、騒いで、歌って、踊るでしょう。ここでも音楽は重要な役割を果たしますね。チベットでは、僧院の儀礼的な祭りに行くこともありますが、村人たちがそこで踊ることはありません。普通の人たちが踊ったり楽しんだりする場としては、やはりお正月、ロサルの祭りのときですね。

世界宗教の伝播以前の祭りと供儀

小西●チベットでもう一つ有名なのは、いわゆる山の神のお祭りです。この祭りは山自体に登ってするのではなく、その山を仰ぐ拝所で行われます。シャルコクでは、夏になると男性が一世帯あたり１本ずつの大きな矢を持って拝所に行きます。それを奉納して、そこで香木を焚いたり、ご飯を食べたりして盛り上がる。これにはお寺はまったく関わっていません。そういう大きな宗教や宗教的職能者が関わらない祭りもまたあります。

本康●その山の神に対する信仰のほうが、よりプリミティブ、土着だということでしょうか。

◀写真6 シャルコクの山の神のお祭り〈四川省松潘県〉
集落の背後にそびえる土地神の山は標高約5,000mに達する。山を遙拝できる丘の上にラツェと呼ばれる拝所が作られて儀礼が行われ、聖典の文言が記されたルンタと呼ばれる紙が紙吹雪のようにまかれる

小西●どんな大きな宗教が入ってこようが、そこに山があることはずっと昔から変わりませんから、それを崇敬する祭りが残ったということだと思います。

小磯●自然崇拝的なものですね。

小西●チベットの宗教の歴史を読み解くための重要な視点として、人びとの地理観の形成や変容に宗教がどのように関わってきたのかというものがあります。チベットやヒマラヤ地域を訪れると、日本とはスケールが異なる山の存在感に圧倒されます。思わずそこに超越的なものを見いだしてしまうような迫力がある。そうした山はもともと土着の神様として信仰を集めていたけれども、あるときから仏教に帰依して仏教を守る神々になるという場合もあります。また、昔から信仰を集めていた山について「じつはこの宗派の教義によると、この山はこの神の曼荼羅の一部だ」などと解釈をすることで、その時々の有力な宗派が大きな影響力をもつこともあります。これは興味深いところです。

小磯●神々が取り込まれていくようすは、ヒンドゥーと似ているように感じます。

山田●もともとチベットでは、土地や山など、あらゆるところに神様がいるんですよ。

本康●日本で言うところの八百万（やおよろず）の神様みたいなものですね。

小磯●仏教などが入る以前の、人間の根幹とより密接につながっている部分の信仰ですね。インドでも、女神信仰などはヒンドゥー以前の信仰です。かなりおどろおどろしい、供儀を求められたりするようなお祭りもありますが、それがヒンドゥーの神様の化身だというかたちで、すべてうまく取り込まれていく。しかし基層の部分を探っていくと、自然と一体化した本来の姿がみえてきます。

山田●チベットでもかつてはヒツジを供儀しており、青海省同仁県のチベット人のルロ祭りでも最近までヒツジの供儀が行われていました。インドでもまだ供儀をするところが残っていますか。

小磯●いまだにしています。かつてはスイギュウでしたが、現在はヒツジが多いです。決まった時間に供儀をして、その血で１年の豊作を占うこともあります。

バイヤー●モンゴルでは新年に、ヒツジの頭をテント内の仏壇に捧げます。これはネパールのヒンドゥー教とほぼ同じです。中央チベットでは、オオムギの粉を練ってヒツジの頭の形を作って、本物の羊頭の代わりに仏壇に捧げるようになってきました。

小磯●インドの女神信仰では、ヒツジを供儀しますが、首はあまり関係がなくて、血がもっとも重要です。女神の第三の目の位置にティラカ[21]として血をつけたら供儀は終わる。あとは人間がお下がりとしてその肉を食べます。

バイヤー●ネパールのネワール族の家では、ヒツジの頭からの血をティラカとして額につけます。

小西●チベットにはトルマという、オオムギの粉（ツァンパ）を練って作ったお供え物がありますが、その中に染料で赤く染めたものがあります。その赤色は血を表し、供儀の名残だと言われていますね。

「儀礼」と「祝祭」にはどんな違いがあるのか

小西●これまでの話を聞いていて、儀礼と祝祭とは具体的にどのように違うのかも重要な論点だと感じました。人類学者のファン・ヘネップ[22]は、人生の節目をなす場面において、人びとが日常世界から切り離された非日常の時空間を経験し、また日常に戻っていくという構造を「通過儀礼」論として提示しました。その後の議論の中で、祭

21) ヒンドゥー教徒が額に描く印のこと。ビャクダンやサフランの粉末を水で練って描く。ちなみに横３本線はシヴァ派、下向きの矢型はヴィシュヌ派の印である。

22) Arnold van Gennep（1873−1957）。フランスの文化人類学者、民俗学者。諸民族の儀礼や神話の研究から、通過儀礼概念を提示。儀礼の動態的研究の先駆者。

◀写真7
**チベット
同仁のルロ祭り**
チベット暦の6月に行われる祭り。ラー(神)と人間のために楽しむ「ラツイ(ラーに捧げる)」タイプのルロ祭りで、その日の最後を飾る参加者全員による神舞

りをはじめとする非日常には儀礼と祝祭との両局面が存在することも指摘されました。儀礼は規則を強化するもので、過剰にかしこまったり、決まったことをきちんとしなくてはいけない。一方で祝祭では、普段の規範や社会関係などをすべて乗り越えて、それを逆転してしまうようなことが起こる。

山田●通過儀礼では、儀礼中にすべての規範を外れてもいいという状態があって、それによって次のものに生まれ変わるというヴィクター・ターナー[23)]の研究があります。ですから、もともとの儀礼のなかには、日常的な規範を外れて違った状態に行くという意味が含まれていると思います。ただし、通過儀礼では儀礼の対象者のみが行動規範から外れてもいいわけですが、祝祭(フェスティバル)では全体が外れてしまう。その違いがあるかと思います。

小磯●たしかにフェスティバルとなったときには、猥雑さとともに無礼講みたいな感じの部分もありますよね。

---

23) Victor Turner (1920－1983)。中央アフリカのンデンブ族の間で調査を行った人類学者。通過儀礼における一つの段階から次の段階に移るまでの二つの段階の中間に位置する過渡期においては、個人はそれまで自身が一部を成していた社会にもはや所属してはおらず、しかもまだ当該の社会へ再度取り込まれてもいないという「中途半端」にあると指摘し、それをリミナリティ(二つの位相の間の過渡的な状況)と名付け、リミナリティは自己卑下・隔離・試練・性的倒錯、そしてコミュニタスによって特徴付けられる不安定で曖昧な時期となるというパラダイムを提示した。

山田●儀礼の対象範囲と巻き込まれる人の領域によって、フェスティバルとの違いが出てくる。

小西●私が重要だと考えるのは、祭りには、普段とは違う感覚を人に与えるさまざまな仕掛けがあることです。つまり「祭りになった」とみんなが感じる要素の登場です。たとえば違う服を着る、特別な音楽が鳴る、普段は殺さないものを殺す。普段はタブー[24]としているものが出てくることもあるかもしれません。これが祭りには不可欠なのかなと思います。

本康●大きくいうと、やはり祭りはハレ[25]の空間・ハレの時間です。そのハレのなかにも規範的な部分と、秩序を壊してしまう規範外の部分とがある。日本の祭りでも、儀礼的で厳かに順番に則ってする部分と、そのあとの直会(なおらい)などでワーッと騒ぐ部分とがある。基本的にはそれがセットになっている印象が強いですね。

小西●それは祭りが人の暮らしのリズムを作っていることと、結び付いていると思います。祭りの空間のなかで通常とは違ったかたちで振る舞うことで、「いまは普段と違う時間と空間なのだ」ということを実感すると同時に、他の人にも示していると考えられます。

宗教性と専門家の関与の有無が分ける儀礼、祝祭、イベント

山田●儀礼とフェスティバルの違いとしては、祭司や司祭などの宗教的職能者が明確に確立されているかいないかも大きいと思います。これが確立されていなければ、儀礼とフェスティバルは一体化・混在化していて、はっきりとは分けられない。専門的な宗教的職能者がいれば、それが担うところとそれ以外のフェスティバルとが明確に区分けされます。

小西●たしかに専門家が関わるかどうかは重要です。祭りをするには

---

[24] ポリネシア語の「タブ」もしくは「タプ」から派生した用語で、個人や集団においてしてはならないことを示す。とくに聖俗、日常と非日常、清浄と穢れなどの対立構造と密接に関連していることが多い。

[25] 民俗学者柳田國男によって見出された、日本人の伝統的な世界観のひとつ。「ハレとケ」という対の概念で、ハレ(晴れ)は儀礼や祭り、年中行事などの「非日常」、ケ(褻)は普段の生活である「日常」を表すとされる。

大量の知識や情報が必要ですから、それを受け継いだ人がいるかどうかもポイントです。日本の、特に参加者の多い祭りでは常に「単に騒ぐだけでいいのか」という議論があって、「騒ぐのもいいけれども、じつはこの祭りにはこんな意味がある」ということをしっかり言う人がいてこその祭りだという意見もありますね。

本康●儀礼は専門性も宗教性も高く、フェスティバルはより民衆的で一般的、誰でも参加できるという感じですね。

山田●専門性が出てくるとともに祭りが構造化されて、そこで分かれるのだと思います。

小西●なぜそこまで専門的なことが必要かというと、祭りでは人間ではないものと関わるからでしょう。人ではない聖なるものとやりとりする人が必要になる。聖なるものとは、簡単に言うと、神様であったり、聖人であったりする。そういうものが祭りの中心軸にあれば儀礼、祭りになるけれども、軸も知識もなくて単に人が集まって騒ぐだけなら祭りとは言い難い。たとえば何かの折に渋谷のスクランブル交差点に群衆が集まって騒ぐことがありますが、それは古典的な意味では祭りとは言えない。

ただし、日本語の「祭り」という言葉がカバーする意味があまりに広すぎるので、現代ではそれも「祭り」と呼ぶ人がいるかもしれませんね。

本康●どこかの店の「大創業祭」など、なんでも祭りになってしまいますが、ほとんどイベントという意味しかないですよね。

山田●かつての社会では、季節によって暮らしが確実に影響を受けるので、はっきりとした季節の節目に祭りが行われてきました。現代は季節性があまり明確ではありませんが、人が暮らしていくうえでは、どうしてもメリハリ、リズムが必要です。そこでなんらかの節目を作り出していくのだと思います。その意味ではフェスティバルのような祭りやイベントも、現代なりの装置として季節にリズムを与えています。こうして広い意味での「祭り」を生み出していくことは、人間に備わった本能なものかもしれません。それゆえに、祭りに注目して文化をみることは、人間の本質に迫る行為になると思われます。

人々は祭りに何を託してきたのか

「祭り」の意味にみる多様性と共通性

山田 孝子

1 「祭り」から世界観の読み解きへ

「祭り(まつり)」❶ということばから何を思い浮かべるであろうか。日本各地には、それぞれ地域特有の「祭り(まつり)」があり、季節を彩っている。たとえば京都であれば、今や全国的に知られる祭りとなっているが、5月の賀茂神社(下鴨神社と上賀茂神社)の祭礼である「葵祭」や、7月の八坂神社の祭礼である「祇園祭」がある。石川県であれば6月の「金沢百万石まつり」、能登半島では5月の七尾市の大地主(おおとこぬし)神社の祭礼である「青柏祭」、7月から9月にかけて地域ごとに行われる「キリコ祭り」がある。筆者が幼い頃には、織田信長・豊臣秀吉・徳川家康が登場する郷土英傑行列のあった「名古屋まつり」を楽しんだ思い出がある。また現在自宅のある神戸であれば、5月には近くの神社の地車(だんじり)の巡行を伴う「春の例大祭」(写真1)にはじまり、「灘のだんじり祭り」、「神戸まつり」と「祭り(まつり)」が続く。

日本各地には、神社の祭礼と結びついて現在まで維持されてきた「祭り」があると同時に、「金沢百万石まつり」、「名古屋まつり」、「神戸まつり」のように都市の「まつり」として新たに作り出されたものもみることができる。さらには、NPO法人全国イベントガイド協会のホームページ❷のイベント開催情報からは、「ふらのワインぶどう祭り」、「よこすかカレーフェスティバル2017」といった飲食を楽しむ催しを始めとして、祭りの名のもとに人々の楽しみの場となるイベントが開かれている様子をみることができる。

今日の日本において、神社の「祭礼」、「村祭り」のように豊作祈願・収穫感謝、疫病払いなど宗教的な意味が込められた年中行事、伝統的な「祭り」から「楽しみ」を主目的とする「まつり」へとその意味が変化するだけではなく、新たに創出された多様な「まつり」やイベントの開催をみるようになっている。「祭り(まつり)」の意味は時代、地域、文化によりますます多様になってきたといえるが、「祭り」と「まつり」やイベントとは何が異なるのであろうか。

日本国内に限らず、人々の暮らす土地ではどこでも何らかの民族色豊かな「祭り」がある。「祭り」を各地、各民族の文化の表象としてとらえたとき、そこでは

❶ 本稿では、①伝統性・宗教性の強いものを「祭り」、②近代において新たに創り出されたものを「まつり」、③イベント・催事として開かれるものは「イベント」、とくに④神社や僧院で行われる神々への儀式を「祭礼」と、区別して表記する。

❷ http://www.event-guide.jp/index.shtml

►写真1
篠原厳島神社春の例大祭での地車巡行
猿田彦神役を先頭にして子供神輿・稚児行列と続き、篠原の北町・本町・中町・南町の氏子区域を巡幸する

何が表現されてきたのであろうか。「祭り」には、かならず、何時、どこで、誰が、どのように、何のためにするかという行動原理がある。「祭り(まつり)」とは何か、人々はこれに何を託してきたのであろうか。本稿では、とくに「祭り」の底流にはどのような民族固有あるいは土地固有のものの捉え方があるのかを考えてみることにしたい。

2「祭り」ということばの由来

では、「祭り」という日本語はそもそも何を意味してきたのであろうか。『広辞苑第5版』[新村 2005]の「祭り」の項をみると、「①まつること、祭祀、祭礼、②特に、京都賀茂神社の祭の称。葵祭、③近世、江戸の二大祭、日吉山王神社の祭と神田明神の祭、④記念・祝賀・宣伝などのために催す集団的行事、祭典」と記されている。祭りの意味には、「まつること」を中心とする①の意味に②、③、④が付け加わってきたことを読み取ることができる。

また、『新漢語林』[鎌田・米山 2004]をみると、「祭」という漢字の項では、「(字義)まつ・る、神や先祖を、ものを供えてまつる。また、まつ・り、祭祀。(国)記念・祝賀などのために行う行事、『港祭』」と記されている。「神や先祖をまつる」というもともとの意味に加えて、祝賀行事などを含むように意味が拡がってきたことが分かる。漢字の成り立ちをみると、「(解字)会意[3]。いけにえの肉を手で神にささげる、まつるの意味を表す」とあり、「祭り」の原型は、ものを供えて神や祖先をまつること、すなわち、供物・奉楽などをして神霊を慰め、祈願することにあったことが分かる[4]。

では、日本語の「祭り」に対して英訳としては「a festival, a celebration」が当てられることが一般的であるが、festivalにはどのような意味が込められているのであろうか。*Oxford Dictionary of English*［Oxford University Press 2003］をみると、「(1) a day or period of cerebration, typically for religious reasons; (2) an organized series of concerts, plays, or films, typically one held annually in the same place」と説明されている。英語文化圏において、「festival」にはもともと宗教的な祝いの意味が込められていたこと、とくに「祝い」という意味が強いことを読み取ることができる。

いずれにしても、「祭り(まつり)」には洋の東西を問わず、宗教的な意味が込められていたことが分かる。実際に「祭り」は宗教学のテーマの一つでもあり、『宗教学辞典』［小口・堀 1973］では、「祭 まつり」は次のように定義される。「祭という名の催しが、たとえ集団的狂熱を演出しても、その様式性が実利的現実を否定した象徴的現実を表象しない限り、「祭」ではない。……(中略)……集団の拠って立つ根源的な世界観が、劇的構成による非日常的な集団高揚において象徴的に実現するものである。……(中略)……いずれの社会も祭の全構造を意味づける超越的な世界観をもっている」。

これらのことから考えてみると、「祭り」は、一定の様式を伴い、集団が依拠する世界観を非日常のなかで象徴的に表現するものであり、しかも何らかの意味で聖なるものと関わりをもつ慣習化された宗教的行動ということができる。この意味で、「祭り」は何らかの精霊や神などの霊的な存在に関する観念や信仰と結びついてきたものであり、広義には人類学における「儀礼」[5]という文脈のな

---

[3] 会意は、漢字字形の構成および漢字用法に関する6種の分類法である「漢字六書」の一つで、漢字を結合し、それらの意味を合わせて書き表す方法。「人」と「言」とを合わせて「信」とする類。

[4]「祭」は、示(神にいけにえをささげる台の象形)＋又(右手の象形)＋夕(肉)を合わせた会意によって書き表された漢字であり、その意味を文字の上でも象徴するものとなっている[鎌田・米山 2004]。

[5] 文化人類学においては、“ritual”という用語に「儀礼」という訳をあてている。もともとの英語には、*Oxford Dictionary of English*によれば、“a religious or solemn ceremony consisting of a↗

かに位置づけられるものといえよう。ここでは、「祭り」がいかに人々の暮らしと結びついてきたのかを、「儀礼」という広義の文脈のなかで捉えながら、考えてみることにする。

「儀礼」は、いわゆる通過儀礼といわれる誕生、成人、結婚、死といった人生の通過点において行われる儀礼と、狩猟儀礼、農耕儀礼といったように生計活動と結びつき、それぞれの季節ごとに行われる儀礼などとに大きく分けることができる。また、儀礼の中には、家族ごとに行われるものもあれば、地域社会が一体となって参加し、ときには隣接する集団も加わる形で盛大に実施されるものがある。「祭り」は後者の大規模に行われる儀礼ということができる。さらに、神社、寺院、教会などで行われ、見物人も加わり、芸術的要素が一層加味された儀礼、たとえば、祇園祭や能登の青柏祭などについては、とくに「祭礼」と呼ばれることが多い。

たとえば狩猟採集民社会を考えたとき、周極(Circumpolar)地方❻では動物の送り儀礼が発達するのに対して、熱帯地方、たとえばピグミーとして知られてきたムブティ❼の間では、猟場に出かける前に「狩の火」を焚くことだけが狩猟儀礼として知られる❽というように、あまり狩猟活動に関わる儀礼がみられない。ただし、雨季と乾季というはっきりした季節変化のなかで暮らすムブティにとって狩猟シーズンが始まる乾期のはじめは祝祭的季節となり、肉の共食、歌、踊りが繰り広げられることが知られる[原子 1977: 92-94]。

また、アフリカのバントゥー系社会❾では、成人儀礼や、少年のイニシエーショ

series of actions performed according to a prescribed order" という意味がある。文化人類学において「儀礼」は「一定の様式を伴い、伝統社会において行われてきたあらゆる宗教的行動」に対する一般的用語として用いられる。ただし、一定の作法をともなう宗教的行為を表す "rite" は一般に「儀式」と訳されるが、たとえば "rite of passage" の訳として「通過儀礼」を当てるように、「儀礼」という訳を当てる場合もある。また、一連の儀式(rite)の連鎖を伴う宗教的行動でかつ大規模となる "ceremony" については、一般に「祭式」として区別される。

❻北極の周囲に位置する地域を表し、北方地域を「北と南」の対比ではなく、とらえ直す見方として使われるようになった用語である。35 ページ図 1 参照。

❼アフリカ中央部、コンゴ民主共和国イトゥリの森に暮らす狩猟採集民。

❽市川光雄氏からの情報による。

❾アフリカ地域の諸言語の大カテゴリーの一つであるバントゥー語群は、多様な言語からなる一つの大きな言語集団を成す。これに属する言語を使用する諸民族社会には文化的共通点も多いことから、一般にバントゥー系社会と呼ばれる。

◀写真2
コリヤークのトナカイ供儀
秋に行われる大地の霊への供儀。牧畜しているトナカイを捕らえて霊に捧げて解体する。解体の前にはトナカイに水を飲ませる

ン儀礼⑩が集団をあげての「祭り」のように行われることが多いが、東アフリカでは、同じ時期に割礼儀礼を受けた少年が同じ「年齢組」に入り、年齢組体系で構造化された社会をもつ集団がいることも知られる。ヴィクター・ターナーが報告する中央アフリカの母系社会ンデンブでは、「女の儀礼」であり「祖先の霊あるいは亡霊の儀礼」といわれる病気なおしの「イソマ儀礼」が大がかりに実施され［ターナー 1976：17-19］、彼らの世界観を象徴するという例もある⑪。

牧畜社会をみても、カムチャッカ半島に住むトナカイ牧畜民コリヤーク⑫においては、新年を祝うトナカイ供儀、子トナカイ誕生にあたってのキルウェイの祭礼、夏の遊牧地に行くトナカイとの別れ儀礼、トナカイを再び迎える秋の大地の霊へのトナカイ供儀（写真2）など、1年が祭りと儀礼に彩られる［煎本 2007：123-156］。それぞれの民族が生計活動に合わせて儀礼を実施してきたことが知られている。

さらに、栽培植物の生育に合わせての農耕儀礼の実施がどの農耕民でもみられる。農耕社会をみると、たとえばヤムイモやタロイモを栽培する根栽農耕民であるトロブリアンド島民は、イモの植え付け、成長過程、収穫という一連の農耕暦にそって儀礼を実施し、収穫後には、祖霊を死者の世界である「バロマ」から招きもてなす大規模な「ミラマラ」と呼ばれる祭りを行ってきた［Malinowski 1935］。

⑩ 加入儀礼、結社加入式などといわれるもの。ある社会的カテゴリーから他の社会的カテゴリーへの個人的あるいは集団的加入を認めるための一連の儀礼的行為体系をさす。秘密結社への加入、少年の割礼儀礼などの例がある。

⑪ ンデンブは、ザンビア北西部に暮らし、伝統的には母系制社会のもと農耕と狩猟によって生計を維持してきた人々。なお、コンゴ民主共和国に暮らすニンドゥでも、呪医による治療儀礼が暮らしのなかで重要な位置を占める（本シリーズ1『比較でとらえる世界の諸相』63ページの写真10参照）。

⑫ ロシア、カムチャッカ州北部コリヤーク自治管区に暮らす人々。沿岸部で生活する集団は定住して漁撈に従事するが、内陸部に生活する集団は伝統的にトナカイ遊牧と狩猟を営んできたことで知られる。

ここからは、とくに生計活動などの年間の暮らしに合わせて定期的に行われてきた儀礼に焦点をあてながら、比較文化学的に祭りの多様性とその土地に暮らす人々にとっての意味を考えてみる。世界中の文化を網羅的に取り上げるには紙幅に限りがあるので、本稿では周極地方の動物の送り儀礼、アイヌなどのクマ祭り、サハのウセフ(夏至祭り)、波照間島の豊年祭、ラダックにおける仏教僧院の祭りなどを事例として取り上げて考えてみることにしたい。

3 周極地方にみる儀礼

私たちが日本でよく目にする世界地図を前にして北方地域を考えた時、たとえばユーラシア大陸を例にすると、スカンジナビア半島北部とカムチャッカ半島は東西の両端に位置し、この西と東の端に暮らす人々はとても遠く離れた土地に住む人々ということになる。さらに、北アメリカ大陸の北部ともなれば、スカンジナビア半島からは東の果ての遠い世界という印象を受けてしまう。しかし、実際には地球は丸いので、北方と呼ばれてきた諸地域を北極を中心に周極地域として見直してみると、これらの地域はお互いにとても近い距離にあることが分かる(図1)。

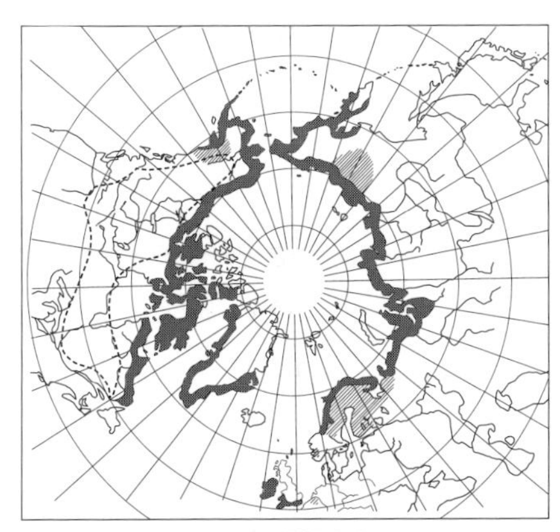

▲図1　周極地域
2007年10月12～14日にノルウェーのトロンハイムで開催された「周極地域再考」会議のパンフレットに描かれた周極地域の地図から作成

同じような自然環境のもとに暮らしながらも、周極地域の民族の生計維持のあり方は多様である。たとえば、東シベリアのユカギール[13]や北米のエスキモー・イヌイット[14]、ナ・

[13] ロシア、サハ共和国北部、北極海に流れるコリマ川流域地方に暮らし、狩猟採集を主生計としてきた民族。

[14] カナダでは、かつてエスキモーと呼ばれていた極北狩猟民をさす名称として、「人々」を意味する「イヌイット」が用いられる。しかし、アラスカでは、「人々」を表す「ユピック」を自称とする人々、「イヌピアック」を自称とする人々がおり、アラスカ沿岸地区に住む人々をさす公称として「イヌイット」ではなく、「エスキモー」が使われる。39ページの脚注26も参照。

デネ(アサパスカン語系先住民)[15]は、伝統的に狩猟・採集・漁撈を主生計としてきた人々である。一方、スカンジナビア半島北部に暮らすサーミ[16]、オビ川流域のハンティ[17]などのように狩猟・採集・漁撈とトナカイ飼育により生計を維持してきた人々もいれば、レナ川流域のサハ(ヤクート)[18]のように狩猟・漁撈・採集およびウマとウシの牧畜を生計としてきた人々もいる。さらにはシベリア東端地域に住むチュクチのように、大規模な遊動的トナカイ牧畜によって生計を維持する人々もいる。しかし、多様な生業が観察される一方で、ユーラシアから北米におよぶ周極地域諸民族の狩猟文化には、共通した特徴があることが古くから指摘されてきた。

クマ儀礼尊重主義と動物の送り儀礼

アルフレッド・ハロウェルは、「北半球におけるクマ儀礼尊重主義」という論文[Hallowell 1926]のなかで、①クマの冬眠に関する民俗信仰、②クマ狩猟をめぐる様々な規制、③クマに対する特別な呼び名、④狩るにあたってのクマに対する特別な語りかけ方、⑤狩猟後のクマに対する儀礼的処理、⑥クマの遺骨の処理などが、周極地域に広く共通して分布することを明らかにしている。E・ロット=ファルクもまた、『シベリアの狩猟儀礼』[ロット=ファルク 1980]のなかで、クマに限らず①狩猟後の動物に対する特別な処理・慣習の必要性、②狩猟後の動物との和解、③狩猟後の動物への敬意の表明、④狩猟後の動物の再生を願うことなどが広範囲に共通して存在することを教えてくれる。

動物に対する儀礼的対処は一般に「送り儀礼」といわれるものであるが、周極地域で広く行われてきた送り儀礼をみると、その対象となる動物は多様である。ク

---

⑮ 北アメリカ北部、寒帯針葉樹林(タイガ)帯に住むナ・デネ語族に属する言語を使用する諸民族の総称。

⑯ スカンジナビア半島北部、ノルウェー、スウェーデン、フィンランド、ロシアの各国にまたがる地域に暮らしてきた人々で、ウラル語族フィン・ウゴル語派のサーミ諸語を話す。フィヨルド沿岸部や大きな河川沿いに住む人々は漁撈を主生業としていたが、多くはトナカイの遊動的牧畜を主生業としてきた。

⑰ ウラル山脈東、オビ川流域に住み、トナカイ飼育、狩猟、漁撈、採集により生計を維持してきた人々で、ウラル語族フィン・ウゴル語派のハンティ語を話す。かつてはオスチャークとも呼ばれた。

⑱ ロシア共和国連邦、サハ共和国においてマジョリティとなっている民族。かつてはヤクートと呼ばれていた。

マはもちろんであるが、その他に、グズリ、オオカミ、シカ、カリブー、ムース、マウンテン・シープ、マウンテン・ゴートなどの中・大型の陸上動物から、クジラ、セイウチ、アザラシなどの海棲動物、リンクス、ラッコ、ビーバー、ウサギ、マーモットなどの小動物やガンなどの鳥類、さらには初サケ、オヒョウなどの魚類にまで及ぶ。

たとえば北極地方をみると、ハドソン湾北部のイグルーリック・イヌイット⑲はカリブーやクジラ、ネツリク・イヌイット⑳はアザラシ、ベーリング海のヌニヴァーク島に住むヌニヴァーク・エスキモーはアザラシ、カリブー、セイウチの送り儀礼を行っていたことが知られる。アラスカのアサパスカン語系先住民コユーコン㉑はクマ、オオヤマネコ、グズリ、オオカミに対して、ケベック地方のアルゴンキン語系先住民ミスタッシニ・クリー㉒はクマとともにビーバーやカリブー、初めてのムースに対して、送り儀礼を行う。カナダ北西海岸の先住民はいずれも初サケの送り儀礼を行っているが、さらにヌートカ㉓はクマやクジラ、ニシンの送り儀礼、クワキュートル㉔は初オヒョウの送り儀礼を行っていた［Watanabe 1994: 57-59］。

狩られた動物に対する送り儀礼の存在は、熱帯狩猟民ではほとんど知られていないが、北方狩猟民の分布のほぼ全域（ユーラシア～北米～グリーンランド）にみられるのはなぜであろうか。渡辺仁は、「（送り儀礼には）人間と動物が社会的（地縁的）連帯関係で結ばれているという考え方がみられ、しかも、彼らの儀礼的行動は動物の

---

⑲カナダ北部ヌナブート州のイグルーリック島に住むイヌイット。

⑳カナダ北部ヌナブート州、ハドソン湾北西部シンプソン半島地域に住むイヌイット。

㉑ナ・デネ語族（アサパスカン）のコユーコン語を話し、アラスカのユーコン川、コユークック川流域で狩猟・採集・漁撈により生計を営んできた民族。

㉒クリー（Cree）は北アメリカ北東部に居住する先住民で、伝統的に狩猟・採集・漁撈により生計を営んできた民族。居住する地域によって区別されており、ミスタッシニ・クリーはカナダ東部、ケベック州ミスタッシニ湖岸地域に住む集団である。

㉓ヌートカ（Nootka）は、カナダのブリティッシュ・コロンビア州バンクーバー島西海岸を伝統的居住地とする民族で、北米太平洋岸地域に共通する「北西海岸文化」をもつ先住民族。ヌートカは彼らと最初に接触した白人によってつけられた名前であり、現在では、民族名をヌー・チャ・ヌルス（Nuu-chah-nulth）とする〈https://en.wikipedia.org/wiki/Indigenous_peoples_of_the_Pacific_Northwest_Coast, 2018.02.22 アクセス〉。

㉔クワキュートル（Kwakiutl）は、カナダのブリティッシュ・コロンビア州バンクーバー島北部を伝統的居住地とする民族で、北米太平洋岸地域に共通する「北西海岸文化」をもつ先住民族。アメリカの人類学の祖といわれるフランツ・ボアズの研究で有名。現在では、クワクワカワク（Kwakwaka'wakw）を民族名とする〈https://en.wikipedia.org/wiki/Indigenous_peoples_of_the_Pacific_Northwest_Coast, 2018.02.22 アクセス〉。

季節的移動と冬眠で代表される環境リズムへの適応、つまり、主体的環境への超自然的側面の適応、生態的反応である」と指摘する[渡辺 1993: 26]。

周極地域では、白夜が出現する短い夏と、太陽が昇らない極夜が続いて一面銀世界となる長い冬という大きく異なる環境リズムのもとで人々は暮らし、狩猟・漁撈対象動物もその環境変動に合わせて大きく変動する。たとえばネツリク・イヌイットは、かつて季節に応じて狩猟・漁撈対象動物を替えながら、居住地を移動する生活を送っていたことが知られる[Balikci 1968]。真冬には氷結したペリー湾上で呼吸穴猟㉕によってアザラシを捕獲して暮らすが、春が近づくとともに沿岸部にキャンプを移動し、氷上で昼寝をするアザラシをカヤックに乗って仕留める狩猟方法に替えていた。真夏には内陸の河川で簗(やな)を使った漁をして、初秋にはタイガ地帯に大移動中のカリブーを対象とする狩猟に従事する。晩秋になるとまた氷結した河川での漁猟に従事しつつ冬のペリー湾上のキャンプ地へのルートをたどり、再び冬の暮らしに戻るという生活である。このような北方狩猟民の生活にとって、次の季節に十分な獲物が得られるかは死活問題であったということができる。

一方で、夏と冬、太陽と月、明と暗という季節の循環は、北方狩猟民文化に共通した魂の不滅と命の再生という観念を生みだしてきたといわれる。このような環境で行われる狩猟行動は人間と獲物となる動物の霊とが交流する儀礼的な場であり、人間と動物たちとの関係を互酬性で捉える世界観を共通にもつ。人間が肉と毛皮を手に入れるのに対し、動物の霊は狩られることを了解して、自らを「反転した供儀」として狩人のもとに訪れるのであり、狩られた動物の霊は互酬的な関係を維持するためにもとの世界に送り返されるのである[Irimoto 1994: 426-427; Sharp 1994]。北方狩猟民文化に共通する動物の送り儀礼からは、人々の環境への生態学的適応と同時に、宗教的・超自然的適応という儀礼のもつ意味を読み取ることができる。

イヌイットの狩人たちは現在でも、「人間に捕らえられるために動物が人間のまえに現れる」のだと考えているという。このため、彼らは目の前に現れた動物

㉕北極海の氷結した海面には、氷が薄く、アザラシが呼吸するための空間がところどころにあるが、そこはエスキモー・イヌイットの人たちが呼吸するために上がってくるアザラシを銛で仕留めるための格好のポイントとなっている。冬のアザラシ猟はこのような呼吸穴での待ち伏せ猟の形態をとる。

を獲って食べるのが礼儀であり、獲るからには獲った動物に敬意を払い、その霊魂を彼らの主の世界に帰ることができるようにしなければならないと考える。そして、このような適切なやり方で接する限り、動物は再び獲られるために狩人の前に現れてくれると信じているという［岸上 2005: 107-108］。

祝祭化する儀礼

周極地域の送り儀礼の中には、アラスカのユピック・エスキモー[26]の間で最も重要な祭式といわれる「ヌカーチオック（Nukaciuq、膀胱祭り）」のように、盛大な祝祭として行われるものがある。ユピックの人たちは「万物にユア（魂）が存在する」というアニミズムの考え方をもち、すべての動物の魂は膀胱にとどまるという考え方をもつ。ユピックにとって最も大切な獲物はアザラシであることから、狩ったアザラシに敬意を表して、春から獲れたアザラシの膀胱はすべて乾かして保存し、魂が次の冬にアザラシに再生して戻ってくることを願い、膀胱祭りの最終日に氷結した北極海の氷の下に沈める［宮岡 1987 : 112-113 ; Charles 2011 : 32］。

冬はユピックにとって儀礼の季節であり、冬至が過ぎた頃に行われる膀胱祭りは祭りシーズンの幕開けを告げるものでもあった。この祭りの前、10月頃からいくつかの儀礼が先行するが、本番の膀胱祭りでは、膀胱はカズキ[27]に運び込まれ、ふくらまされて吊される。カズキで男性たちは蒸気浴で身を清め、彼らが中心となって、一つひとつに歌や踊りを伴う複数の儀式と饗宴が5日間続く。5日目に膀胱はカズキの煙突から外に出されて、空気を抜いて沈められる［宮岡 1987: 116］。

北極地方に暮らす人たちにとって冬至の時期は、人々がこぞって参加するコミュニティの祭りの季節となることが多い。たとえばハドソン湾北部に暮らすイグルーリックの間では、彼らのことばで「ティヴァジュート（Tivajuut）」と呼ばれる盛大な「冬至の祭り」がある。極夜が続く中で冬至が過ぎ、日中の太陽が現れ始

---

[26]「エスキモー」という言葉は本来、アラスカ・エスキモーと居住域が隣接していた亜極北のアルゴンキン系の言葉で「カンジキに張る網を編む」という意味である。これが、東カナダに住むクリー族の言葉で「生肉を食べる者」を意味する語と誤って解釈されたことから、「エスキモー」という呼称はある時期においてしばしば侮蔑的に使用された。これには、生肉を食べる行為を野蛮であるとみなす人々の偏見などが背景にある。しかし、シベリアとアラスカにおいて「エスキモー」は公的な用語として使われており、使用を避けるべき差別用語とはされていない。

[27] 男性のコミュニティ・ハウス。

める頃は、クリスマス休暇の時期とも重なるが、アザラシ猟が始まる季節でもある。その時期に合わせて、太陽が戻ったことを喜び、大規模な冬至祭りが行われた。

そこでは、夏生まれの人と冬生まれの人との間で各種の腕試しや技能試しなどさまざまな競技が行われ、仮面をかぶって異性装に身を包んだシャマンが配偶者の一夜限りの再配分を仕切っていたことが知られる。1年中で最も厳しい冬至の時期は、シラ(sila)[28]と呼ばれる男性宇宙原理と宇宙の大均衡が危うくなる時期と考えられており、彼らはこの祭りをとおして、世界の誕生を再現し、宇宙の大きな力との絆を新たにし、食べ物と配偶者を再配分することをとおして集団の社会的再生産を脅かすようなネガティヴな力の排除を図ってきたといわれている[Saladin d'Anglure 1994: 208]。

また、カムチャッカ半島に暮らすトナカイ牧畜民であるコリヤークをみても、冬至は1年の始まりの日であり、その時期には新年の祝祭「ペディキム」が実施されていた。人々は春までの肉の確保の意味も込めてトナカイを供儀し、相撲、トナカイ橇のレース、歌、橇の上を飛び越える競技などをして楽しんだのであった[煎本 2007: 129-130、329-330]。

4 クマの送り儀礼

一方、北方地域で「祭り」として盛大に行われる送り儀礼として、クマ祭りを忘れることはできない。盛大なクマ祭りを行ってきた人々として、サーミ、ハンティ、オロッコ[29]、ニヴフ[30]、アイヌの事例がよく知られている[大林他 1964；パウルソン 1964]。サーミとハンティのクマ送り儀礼は狩猟後に実施される祭りである

---

[28] イグルーリックのコスモロジーは、男性宇宙原理であるシラと女性宇宙原理であるヌナとによる秩序から無秩序へという関係の動態として表される。シラは、見えない世界——神話、諸精霊、死者、ものごとの隠れた秩序、超常現象——を秩序づける原理であるとも考えられている[Saladin d'Anglure 1994: 187, 207]。

[29] オロッコ(Orokko)は樺太(サハリン)中部以北に住むツングース系の少数民族で、トナカイ牧畜、狩猟・漁撈によって生計を営んできた。現在はウイルタ(Uilta)を民族名とし、ツングース諸語のウイルタ語を話す。

[30] ニヴフ(Nivkh)は樺太(サハリン)中部以北およびアムール川下流域に住み、狩猟・漁撈を主生計としてきた少数民族。かつては、ギリヤーク(Gilyak)と呼ばれていた。樺太において、アイヌ、ウイルタと隣り合って居住してきた。ニヴフ語はアイヌ語、ツングース諸語とも系統を異にし、孤立語とされる〈https://en.wikipedia.org/wiki/Nivkh_language, 2018.02.22〉。

が、ニヴフとアイヌでは、とくに「飼いグマ送り儀礼」と呼ばれる飼育後の子グマを元の神々の世界に送るものとなっている。クマを祭りの対象とするという点では同じだが、詳しくみていくと、祭りが実施される意味に文化ごとの違いを知ることができる。

サーミ、ハンティにおけるクマ祭り

サーミにおいては、17世紀の初めにクマ祭りが行われた記録が残っている。しかし、18世紀におけるキリスト教徒化により彼らの伝統的宗教が途絶えて以来、ほとんど行われておらず、19世紀の史料においてスカンジナビア半島南部の南サーミでの数例のクマ祭りが言及されるのをみるだけとなっている。

彼らの間では、春にクマ祭りが行われた。クマ狩りは秋に見つけておいたクマの冬眠する巣穴で行われる。仕留めたクマは巣穴にそのままにして狩人たちは家に一旦戻り、クマ狩りの成功を祝う。翌日、狩人たちはクマに多大な敬意を払いながら回収し、村へ運ぶ道中ではさまざまな聖なる歌を歌い、悪霊から守ってくれるようにクマにお願いしたという。村に戻るとクマの皮がはがされ、骨から取り外された肉が料理され、すべての人が参加する饗宴が開かれた。最後にクマの骨は正確な順序に並べられて埋葬され、秋にクマの巣穴を突き止めた狩人はクマの毛皮を手に入れたという。埋葬にあたっては、すべての骨が壊されたり、欠けたりしてはならないとされた。埋葬の後には、翌年にクマを狩る狩人がゲームで決められた。サーミのクマ祭りは、饗宴とクマの骨すべてを埋葬する点に特色があったといわれている［Rydving 2010: 36-42］。

一方、オビ川流域に住むハンティは、クマを食べることのできる「ポル(por)」とクマを食べることのできない「モシュ(mosh)」という二つの外婚単位となる父系の胞族(phratry)からなる社会組織をもつ［Rydving 2010: 35］。このため、クマは聖なる動物でもあり、一般に狩猟対象としてはみられていない(写真3)。実際、スルグート・ハンティの調査で出会ったインフォーマントは、「ふつうに狩ることはできないが、姿を現すことがないクマがキャンプの近くに現れたときには、狩ってもよい徴(しるし)ととらえ、クマを狩りができる」と語っていた。

ハンティにとってクマ狩りは決して計画して行うものではないが、仕留められたクマは儀礼的処理の後、その場で頭を東に向けて仰向けにされ、皮をはがさ

◀写真3
ハンティの住居に祀られるクマ
クマをトーテム（氏族集団と霊的な関係をもつとされ、集団の表象となる動植物や自然物）とする胞族は、クマ祭り終了後に飾りをつけられたクマの頭と毛皮を、聖なる空間とされる入り口から正面の壁側の上部に祀る

れる。クマの肉を食べることのできない胞族の狩人たちであれば肉をその場に残し、そうでなければ肉も一緒に持って村に戻った。狩人たちは村に戻ると歓迎され、クマの頭と毛皮を飾り付け、クマ祭り（ike-pore）の準備が行われた［Glavatskaya 2005; Rydving 2010: 38］。

ハンティのクマ祭りは夕方から明け方にかけて、数日間にわたって実施された。そこでは、「クマと踊る」［Glavatskaya 2005: 187-188］とも称されるように、毎日の祭りはクマをたたえるさまざまな歌で開始され、食べ物が出された後、男性の踊り、女性の踊り、仮面をかぶった寸劇などの出し物が始まることになっていた。最後の夜には、ツル、フクロウ、キツネの仮面をかぶった3人の男性が、クマ祭りを終わらせるために登場する。3人は、聴衆とクマが元の生活に戻るように、とくにクマには家を離れて新しい門出を迎えるように脅かす。そして最後に、飾られたクマの頭と毛皮は戸外に連れ出された［Glavatskaya 2005］。

ハンティのクマ祭りは、クマの神を前にしての寸劇、歌、踊り、神話の語りなどをとおして、ハンティの世界観、神々の存在とかれらへの敬意、生活のなかでの規律など、集団の一員として守るべき規範を教え、伝える機会であったといわれる。彼らのクマ祭りは、民族としての連帯性とアイデンティティを維持するという重要な意味をもつとともに、青年たちに将来の配偶者となる若い女性と出会う機会を提供し、集団としての再生・繁殖を図るという機能をも有していた［Glavatskaya 2005: 197］。

ソビエト時代の反宗教政策のもとで密かに実施されてきたクマ祭りは、1980年代後半に情報公開（グラスノスチ）が進むなかで再び関心を集め、カジム・ハンティ[31]はクマ祭りを、1991年にはジュイルスク(Juil'sk)村で、1993年にはポルノヴァット(Polnovat)村とクリムスント(Khulimsunt)村で公開実施している。

復興されたクマ祭りは、思想的・技術的近代化のなかで大きく変化し、今日では狩猟後の儀礼的処理というよりも、単なる楽しみとしてクマ祭りが実施される。宗教的な意味もかなり失われ、かつては従属的な参加者であった女性が積極的な役割を果たすまでになっている。いずれにしても、クマ祭りはハンティの民族文化として重要な役割を今日も果たしている。

アイヌの儀礼とクマ祭り

北海道、サハリン(樺太)、千島列島に住んできたアイヌは、いわゆる周極地方より緯度が南に位置する冷温帯から温帯に暮らす人々である。しかし、アイヌの儀礼をみると周極地方と共通する動物の送り儀礼があり、アイヌ文化には北方諸民族文化との共通性が多いことが分かる。なかでも北海道、サハリンのアイヌは、ニヴフと同じように飼いグマ送り儀礼の形態をとるクマ祭りを実施することで、古くから研究者の関心を集めてきた。

ニヴフの精霊の観念には、アイヌと共通する面もある[Black 1973: 47; クレイノヴィチ 1993: 132-137]。しかし、ニヴフのクマ祭りは、父系リネージ(出自集団)において追悼として、死者に近い親族が子グマを購入あるいは森で生け捕りにし、4歳獣になるまで飼育して実施されてきたもので[Shternberg 1933; 山田 1994: 211]、アイヌのクマ祭りとは大きく意味を異にする。ここでは北海道アイヌのクマ祭りを取り上げ、それがいかなる世界観を背景にして実施されているのかを探ってみたい。

まず、アイヌは、生き物を初め、すべての「もの」にも「たましい」が宿るというアニミズムの考え方をもつことが知られる。しかも、アイヌの神話といえる「カムイ・ユーカラ(神々の叙事詩)[32]」は、この地上の生きものはすべて神の世界から地上の世界に降り立ったものであることを語っており、アイヌはすべてのものの魂が動物であれば死によって、植物であれば枯れることによって神の世界に帰るものであると考えてきた。このため、すべてのものの「たましい」を元の世界に送り

---

[31] ハンティは、オビ川の支流ごとに亜民族集団に分かれており、カジム・ハンティはオビ川のカジム川支流域に住む人々である。

[32] アイヌの伝承文学のなかには、叙事詩といわれる韻文形式で謡われるユーカラがあるが、ユーカラには神々の物語となるカムイ・ユーカラと、人間の物語となるアイヌ・ユーカラがある。

◀ **写真4**
ヌササン
アイヌの祭壇。ヌササンに祀られる神々は地域ごとに違うが、弊所の神、狩猟の神、山の神、木の神、水の神などは共通して祀られる

返すという儀礼的処理である「送り儀礼」は、重要な宗教儀礼とされてきた。

アイヌの儀礼は、神々への祈りの儀式が中心となっており、一般に「カムイノミ（神々への祈りの儀式）」と呼ばれる。アイヌは、「もの」の魂は、戸外の「ヌササン（祭壇）」（写真4）でカムイノミをしたあと燃やされることによって「神の世界（カムイモシリ）」に帰るとされ、もの送りの儀礼は「イワクテ（それを帰宅させる）」と呼ばれている。これに対して、狩猟後に実施される動物を神の世界に送る儀礼は「イヨマンテ／イオマンテ（それを行かせる）」と呼ばれ、なかでも盛大に実施された儀礼がクマ送りとフクロウ送りといわれるものである。

アイヌは送り儀礼ばかりではなく、季節に応じて、また事情に応じてさまざまな儀礼を実施していた。たとえばサケ漁の開始の前には「アシリチェップノミ（新しいサケを（迎える）祈りの儀式）」、クマ狩りの出猟前には「キムンカムイオンカミ（クマの神に礼拝する）」、シシャモ漁の豊漁祈願として「スサムカムイノミ（シシャモの神に祈る）」など、狩猟・漁撈活動に合わせて行われた儀礼がある。また、「アシリパエクカムイノミ（新年を迎えての神々への祈りの儀式）」などの季節の節目に行われる儀礼、「シヌラッパ（たくさんの涙を流す）」（写真5）、「イチャルパ（それを散らかす）」と呼ばれる祖先祭祀、家（チセ）を建てたときの新築祝いとなる「チセノミ（家・祈りの儀式）」、川で溺れるなどの変死者がでたときに行われた一種の祓いの儀礼となる「ペウタンケ」などがある。さらに、新たに創られ伝統となった「まりも祭り」もある。

それぞれの儀礼の目的にそって祈りの詞などの違いはあるが、カムイノミはたいてい次のような手順が踏まれる。まず、儀礼の準備として前日までに、神々

▶写真5
シヌラッパ
静内町で行われたシャクシャイン供養祭での光景。この祖先祭祀では、女性が主役となって祖先に対しカムイノミを行い、お供えを捧げる

へのお供えとなる酒を醸し、「イナウ(神々への削りかけ)」を製作し、ごちそうなどの供え物が調理される。当日には、イナウを木の棒に括り付けたヌサ(幣)をつくり、それを神々のヌサ(幣)としてヌササンに立てて、祭壇を整える。準備が整ったところで、カムイノミは、「エカシ(長老)」が火の神にまず祈りの詞と酒を捧げることで開始となる。その後、ヌササンに祀られる神々に一体ずつ祈りの詞と酒が捧げられる。

ヌササンに祀られるすべての神々への祈りが終わった後、たいてい女性による「イチャルパ(祖先祭祀)」がヌササンの端で行われ、最後には、各種の歌と踊りが披露される。かつては、神々にお酒を捧げてから、人は酒をたしなむことができたといい、儀礼の場は人々が酒、歌、踊りを楽しむ場ともなっていたという。

クマの送り儀礼には、山で仕留めたクマを送るものと、上述したように生け捕りにした仔グマを村で１、２年飼育後、その魂を神の世界に送る「飼いグマ送り」とがある。後者のみが「カムイイオマンテ(神・それを行かせる)」あるいは「イオマンテ」と呼ばれ、前者は「カムイホプニレ(神(クマ)・(山で獲物として捕った動物を)神の国に送る)」と呼ばれて区別される。数多くあるアイヌの儀礼のなかでもイオマンテは、たとえば沙流川流域といったそれぞれの川筋の隣接集団が参加して実施するもっとも大きな祭りであり、一般にクマ祭りといわれてきた[煎本 2010]。アイヌのクマ祭りは「送り儀礼」の一つの形態であるが、飼いグマ送り儀礼の形態をとる点に特徴がある。

イオマンテの実施時期は地域によって異なり、11月から12月に行った地域もあれば、1月から2月という地域もあったが、いずれにしても早春のクマ猟が始まる前に行われていた。これは久保寺逸彦が記録した神謡「山岳を領く神(熊)の自叙」[久保寺 1977: 67-71]に語られるカムイと人間との交流関係を最も象徴する儀礼であり、人間に肉と毛皮を贈り物としてもたらしてくれたクマの神を丁重にもてなし、数々の贈り物を持たせて送り返すことが主要テーマとなっている。

▲写真6 飾られたクマの頭骨
アイヌのクマ祭りにおいて、儀礼的殺害後に飾り付けられたクマの頭骨。叉木に飾り付けられたクマの頭骨が掲揚され、着物を着せられる

クマ祭りの開始は実際には仔グマの生け捕りに始まる。その仔グマは、コタン(村)で次のクマ祭りの実施まで約1年間にわたってカムイ(神)をお迎えしているかのごとく敬意をこめて育てられるのであり、クマ祭りは大きくなるまで育てられた仔グマを神の世界に送り届ける儀礼なのである。

クマ祭りは酒を醸すことから始まり、数々のイナウや花矢の製作、クマの神に持たせる土産物の用意など数日前から準備される。祭りはたいてい3日間に及ぶ。式次第には地域差があるが[煎本 2010]、1日目は送り届けられる仔グマの儀礼的殺害の日である。ヌササンで、長老たちによる神々への祈りの儀式が進行するなかで、クマを檻から連れ出して広場の中央に立てられた柱に繋ぎ、はじめは花矢を、最後に止めの矢を心臓に放った後、素早く最後の息を引き取らせ、クマの霊(魂)を体から解き放させる。仔グマの魂は解体後もその日はまだクマの頭にとどまると考えられており、毛皮と頭部はチセの中に安置される。そのクマの神を前にして、夜を徹して翌朝まで祝宴が開かれ、歌や踊り、ユーカラの語りでクマの神をもてなした。クマの神が続きを聞きたくなって人間の世界にやってきてくれるのを期待して、ユーカラの語りは必ず途中でやめたという。

2日目はクマの霊を旅立たせる日となる。祝宴は続き、クマの肉は参加者によって共食される。クマの頭骨(写真6)はイナウできれいに飾りつけられ、首飾りや太刀をもたされ、数々のお土産とともにヌササンに掲揚され、クマの神を送

▶写真7
クマ祭りでの
最後の神送り
弊所にクマの頭骨が掲揚された叉木が立てられ、送別の辞が述べられ、神送りが行われる

るカムイノミが行われる（写真7）。その後は再び家の中で祝宴が開かれ、女性による「ウポポ（歌）」や「リムセ（踊り）」、若者によるクマの模倣などの余興でクマの神をもてなす。3日目には、クマ祭りの成功を感謝し、引き続いての加護を祈るカムイノミが行われて祭りの終了となる。

戦後に復活されたイオマンテは、1950年代にはいると、動物愛護協会からの抗議に押され、一時実施が見送られた。1964年（昭和39）8月9日には北海道旭川市で、イオマンテが開道以来最大の規模で盛大に復活されたが、この祭りは次第にクマ猟という生活暦とは切り離され、復興された祭りとして実施されるようになる。仔グマの儀礼的殺害という場面は省略されるようになり、すでに死んだクマを使うなど、イオマンテの形式は一部変更されてきた。北海道白老郡白老町のアイヌ民族博物館は、1977年（昭和52）に形式も新たに復活させ、1994年（平成6）までにイオマンテを6回実施してきた。

いずれにしても、このように実施されてきたクマ祭りは、アイヌの世界観を象徴するドラマとなっている。前述した「この地上の生きものはすべて神の世界から地上の世界に降り立ったものである」ということばの背景には、「地上の生き物は神々の仮の姿であり、神々は人間に役立つために、利用されるために、その仮の姿をとって地上の世界に降り立った」という考え方がある。そして、仮の姿をとって地上に降り立った神々は、人間に利用されること、つまり地上の世界で死を迎え、丁重に送られることによって、再び元の神の世界に戻ることができるという考えをアイヌはもってきた。このため、元の世界に送り返すことは人間側の務めだったのである。

5 サハの夏至祭り――牧畜民の季節を祝う祭り

雨季と乾季という季節変化のなかで暮らすイトゥリの森のムブティにとって、狩猟の季節の始まりを意味する乾期の初めは饗宴の季節であったことを述べたが、極夜の冬と白夜の夏という二つの季節によって彩られる周極地域においても、太陽の活動にそった季節の移行期には大きな祭りが行われることが多い。上述したように、ハドソン湾北部のイグルーリックでは、極夜が続くなかで冬至が過ぎたクリスマス休暇の頃に、大規模な冬至祭りが行われていた。ユピック・エスキモーにとっても冬至の頃に行われる膀胱祭りは冬から春への移行を象徴する祭りであり、コリヤークにとっても冬至は１年の始まりの日であった。

一方、レナ川流域に暮らし、伝統的にはウマとウシを飼育する牧畜に従事してきたサハには、夏至の頃に行われるウセフという新年の祝いとなる祭りがある。サハは１年を夏季と冬季に分け、春になると古い年が終わって新しい年が始まると考えており、春が巡ってくるたびに１年ずつ年齢を積み重ねると言い、新たに歳を更新する日として夏至を祝ったという。春の月の一つはヤクート語で「ysyakh yia（ウセフの月）」と呼ばれ、ウセフは春の祝い、つまり自然と牧畜のサイクルのなかの年中行事としての性格をもち、その年の本格的な生業活動の開始として、５月末から６月23～24日頃まで続く大規模な祭りであった［Romanova, 1994: 83-84, 114］。ソビエトの反宗教政策をへた1990年代のポスト・ソビエト期の文化復興運動では、夏のウセフがサハの伝統文化として積極的に復興された。

ウセフは、夏至の時期に開催されるので「夏至祭り」、また馬乳酒の献酒が必須であるところから「馬乳酒の祭り」ともいわれる。現在では夏至祭りとしての意味が強調されるウセフであるが、もともとウセフには春に行われる善き神アイーに捧げる「アイー・ウセフ」と、秋に行われる悪霊アバースによる災厄を免れるための「アバース・ウセフ」というように、春のウセフと秋のウセフがあった。夏至の頃に開かれる春のウセフは、夏の日の出を盛大に迎える厳粛な儀式でもあり、祭りの期間中には最高神ウルング・アイー・トヨンをたたえて、ウマが無血供儀[33]された（写真８）。一方、秋のウセフで人々は、西に住み、闇と夜を体現す

---

[33] 供儀には、供儀されるものの殺害を伴う「血の供儀」と、殺害を伴わない「無血の供儀」がある。無血の供儀では、供儀される家畜は生涯人間の使役には供されることなく、野に放たれるままとなる。

▲写真8　ウマの無血の供儀
最高神への供儀としてセルゲ（繋ぎ杭）につながれるウマ

▲写真9　アイーへの祈りを捧げる儀式
アイー・オユーン（善き神アイーの啓示を受けたシャマン）による祈り（algys）の朗誦と馬乳酒の献酒

る悪霊アバースに、冬の災いをもたらすことがないように願いながら、血まみれの生け贄を捧げたという［Romanova, 1994: 8-9, 12］。

ウセフが新年の祝いであることは、サハの１年の生活のサイクルを考えると興味深い点である。サハの人たちは、極寒の冬はバラガンと呼ばれる壁を土で塗り固めた丸太組の住居に住み、夏にはテント式の住居に暮らしてきたことが知られる。ウセフ（夏至祭り）が行われる時期は、冬の住居から夏のテントへの移住が終わる頃であった。また、仔馬の出産期も過ぎて馬乳酒が豊富に手に入る時期にも重なっている。祭りはまさに待ちわびた春の祝い、夏の間の牧畜生活の豊穣を祈るという性格をもっていたことが分かる。

ウセフは、「上の世界」の神々への馬乳酒の献酒と祈り（algys）の朗誦（写真９）で幕開けとなり、ウマの無血の供儀が行われた後、輪踊り（オソハイ）、巨石運び、三段跳び、腕相撲、相撲など各種の力競べなどのプログラムが実施され、最後に競馬が余興として催される。ウセフはサハにとって宗教的な意味だけではなく、このような余興をとおして氏族集団の連帯性を確かめる場でもあった。

サハはチュルク諸語に属するヤクート語[34]を話し、もともとバイカル湖付近で牧畜を営んでいたが、14～15世紀にモンゴル族に圧迫されてレナ川流域に移動してきたといわれる。多様な意味・性格をもち、サハにとっての宗教儀式の中心軸となっていた祭りであるが、ウセフにはモンゴルのナーダム、カザフのナウル

[34] 現在は、サハ語と一般に呼ばれるようになっている。

ズなど、中央アジアの牧畜民の夏の祭りと共通する特徴をみることができる。今日では、祭りの日はサハ共和国の祝日であり、ウセフは民族の祭典として国を挙げて祝われる［山田 2002；Yamada 2004］。伝統的な各種の力競べだけではなく、衣装コンテスト、歌や踊りのショウなど、盛りだくさんのプログラムが並ぶイベントともなっている。

6 日本の農村における農耕儀礼と祭り

農耕社会においては、トロブリアンド島民について触れたように、播種から収穫にいたる各過程でいわゆる農耕儀礼が実施されるのをみる。日本においても、主生業である稲作や焼畑の農作業をめぐっては、播種、田植え、雨乞い、成長を保護するための害虫駆除、収穫などの折々に、家族あるいは村中で儀礼を行ってきたことが知られる。現在では、農業形態の近代化、生活の変化が進むなかで、省かれてしまった伝統的農耕儀礼も多い。しかし、なかには重要無形民俗文化財として、地域の人々によって今日まで維持される儀礼をみることもできる。

▲写真10〈上〉、11〈下〉 あえのこと
石川県鳳珠郡能登町の柳田植物公園にある合鹿庵で、一般公開されている「あえのこと」行事。収穫後の田から田の神を迎え〈上〉、ごちそうでもてなす〈下〉

農耕儀礼に彩られる農村の生活

たとえば石川県の奥能登には、稲の刈り上げも終わった12月４・５日頃に田の神を家に迎え入れ、田に鍬を入れる翌年の２月９日まで預かる「あえのこと」という古くから行われてきた祭事がある（写真10、11）。12月の「あえのこと」は、迎え入れる田の神に、１年間の収穫の感謝と次年度の五穀豊穣を祈ってお祝いをする日である。床の間には、種籾の俵、二股大根と箸、お膳を用意してもてなす。一方、翌年の２月の「あえのこと」は、預かってきた田の神を田に帰す日であるという。

あえのこと行事は1950年代には一旦廃れかけたが、「民間の新嘗祭」としての「あえのこと」像の創出や、1952・1953年の九学会連合能登調査という外側からの視点によって奥能登の人々は当事者としてこの「伝統」を自覚し、その「維持」に向けての取り組みが活性化されてきたといわれる［菊池 2001］。1960年には旧柳田村（現鳳珠郡能登町）が「あえのこと」を文化財として指定、1976年には「奥能登あえのこと」は国指定重要無形民俗文化財に指定され、2009年にはユネスコの無形文化遺産に登録されている[35]。能登町の柳田植物公園にある合鹿庵では一般向けに「あえのこと」行事が公開されるなど（写真10）、奥能登の人々にとって、観光資源さらには地域への帰属意識を維持する核として大きな意味をもつものとなっている。

一方、高知県吾川郡仁淀川町椿山地区で2015年に、常住者が氏仏堂と呼ばれる集落のお堂を守る女性一人となってしまった状況のなかで、「椿山虫送り」行事が実施されていたのをみることができた。椿山地区は仁淀川の上流地域に位置する山村で、1960年代には約150人が焼畑、林業などにより生活を営んでいた。しかし1970年には、すでに高知市などの都会への村民の流出が続き、男性46人、女性48人の計94人に減少していた［福井 2018［1974］：6, 17］。その後も村民の流出が続き、2015年には1人となっていたが、村外に出ていた村出身者がその日だけ戻り、祭りが実施されていたのである。

この「虫送り」行事は、平安時代、斉藤別当実盛（さいとうべっとうさねもり）が源義仲（みなもとのよしなか）に敗れ、その亡霊が稲の害虫になったという言い伝えから、供養と豊作を祈ったことが起こり[36]といわれており、太鼓踊りが奉納されるのが特徴となっている（写真12）。福井勝義は、昭和40年代に行われていた「虫供養」の様子を伝えている［福井 2018［1974］：93－97］。太鼓踊りと音頭の歌が氏仏堂で奉納された後、「南無阿弥陀仏」と書いた旗を先頭に、太鼓や鉦をたたきながら村の家々を回る。最後には川岸まで谷を下って踊りを奉納し、それまで「音についてきた」虫を川に流すという行事であった。2015年の虫送り行事も、昭和40年代当時と変わることなく実施されていた。

太鼓踊りは、安徳（あんとく）幼帝の子守歌、平家のゆかりの霊を慰める踊りとして椿山集

[35] http://www.town.noto.lg.jp/www/info/detail.jsp?common_id=2786

[36] http://www.attaka.or.jp/kanko/dtl.php?ID=3454

◀写真12
椿山虫送りの太鼓踊り
高知県仁淀川町椿山の虫送りは年に5回奉納される。6月の虫送りでは、地区内を回ったあと坂を下って谷に行き、そこでも太鼓踊りが奉納される

落に受け継がれてきたものとされ、仁淀川町の無形民俗文化財に指定されている。この行事では、平家の落人伝説が強く残る歴史性と先祖供養の意味が込められた宗教性とを核に、集落の歴史が強く表象される。かつての生業としての焼畑はなくなり、ほぼ常住者もいなくなり、「虫送り」は農耕儀礼としての意味が失われているが、集落への帰属意識と共同性維持の核となるという祭りの新たな意味をここにみることができる。

このように、日本社会においては、各地で無形民俗文化財として伝統的な祭りが維持されている様子をみることができる。沖縄県八重山地方においても、伝統的な祭りをその地域固有の文化、アイデンティティとして維持するのをみることができる。以下では、沖縄県八重山地方の波照間島を取り上げて、沖縄の島独特の農耕儀礼と祭りの維持について考えてみることにしたい。

波照間島の神信仰と豊年祭

八重山地方の島々は、八重山文化としての共通性をもちながらも、文化的独自性を表出し、他島との違いを主張してきたという歴史をもつ［山田 2012］。八重山地方には、一般に来訪神と滞在神という神観念があり、来訪神は、ニライ（海の彼方の国、あるいは海の底の国、地の底の国）から仮面を被って現れ（波照間島では「アミニゲー（雨乞い）」に登場するフサマラ）、農作物の豊作を約束する神とされる。一方、滞在神はウタキ、ワー、グシクと呼ばれる拝所（御嶽）に一年中とどまり、島をいつも見守る神々となる。

波照間島には、「五山(イチヤマ)三山(ミーヤマ)」と呼ばれるように、三つの「ピティヌワー（野原・畑の御嶽）」と五つの「ウチヌワー（集落内の御嶽）」（写真13）がある。島の富嘉（外とも表記され

▶写真13 波照間島のミシュクワー(美底御嶽)
御嶽内は聖域として木々の伐採は禁じられており、うっそうとした森が残る

る)、名石、南、前、北の５集落には、それぞれピティヌワーの遙拝所であるウチヌワーがある。御嶽は村落祭祀の中心となっており、神行事は集落ごと、御嶽ごとに実施され、それぞれの御嶽を拝むツカサ(女性神役)たちが祈願を担う。御嶽を中心とする神行事は八重山地方独特の宗教文化といえるが、波照間島は八重山地方のなかでも神行事を厳格に守り続けてきたことで知られ、それが今日でも島の特色となっている。

波照間島の１年は神行事の実施によって彩られ、９月頃に開催される「シチ(節祭り)」に始まり、翌年の６月頃の「プーリン(豊年祭)」、「アミジュワー(豊年予祝祝い)」、「トゥマニゲ(泊祈願)」で終わるものとされている。1964～1965年では年間に41回、65日間もが農耕儀礼といえる祭祀行事の実施に割かれていた[アウエハント 2004]が、2003～2004年に波照間島を調査した際にも、各家庭に配布された神行事日程表には、簡略化されたとはいえ計46日間の農耕に関わる神行事が組まれていた。

儀礼祭祀のなかには、家の新築祝い、十二支の年回りに合わせた祝い、旧暦３月３日の海遊び、旧暦８月15日の十五夜、日本本土の盆祭りに相当する「ソーリン」などがあるが、なかでもソーリンは３日間におよぶ島を挙げての祭りで、「ムシャマーの行列㊲」、「ミルク行列」、最後には「アンガマの踊り㊳」が登場することが知られる。しかし、年間祭祀のほとんどは豊作や作物の生長に対する祈願、雨乞い、天候を鎮める祈願、病害虫を追い払う祈願など、農耕暦にそった農耕儀

㊲太鼓、棒踊り、獅子舞を演じる男性たちの行列。

㊳祖先を表すと言われる老人と老婆の仮面を付けた二人を先頭に踊り手らが従い、家々を訪ねて語りや歌、踊りを披露するもの。

礼となっている。

農耕儀礼の実施は、どの地域でも農耕という生計活動をめぐる人－自然関係の象徴的表出そのものといえる。生活用水を天水だけに頼ってきた波照間島では、とくに雨乞いの行事は重要な儀礼となっている。1964年には９回の雨乞い行事が30日間にわたって実施され［アウエハント 2004］、2003年でも、一部簡素化されながらも８回が実施されていた。貯水池の整備によって農業用水の心配がなくなるなど農業の近代化が進むなかでも、島の人々は農耕儀礼の伝統を信仰の基盤として守り続けており、神行事という伝統が積極的に維持されるのを目の当たりにしたのを覚えている。

収穫祭といえるプーリンは、数ある波照間の年中行事のなかで「ソーリン」とともに島の人々の「祭り」となるもので、豊年祭として知られる。もともと１日目のミヤクツェ、２日目のカンパナ、プーリン当日、そして４日目のアサヨイと４日間にわたる行事からなるが、現在では、プーリン後に実施されていた翌年の予祝であるアミジュワーとアサヨイスーニゲーの２日間もプーリンと一続きで実施されるようになり、合計６日間の行事となっている。

ミヤクツェからアサヨイに至るまでのツカサたちによる儀礼行動には、宗家での祈願、「ウチヌワー」と「ピティヌワー」との神の道を通っての往復、移動途中のヤマでの祈願（写真14）、ウチヌワーにおける神々へのお供えと祈願、そしてカンシンと呼ばれるツカサたちの行進など、見守る神々の存在と顕現を改めて確認させる装置が散りばめられていた。ツカサたちの儀礼行動は延べ36時間余にも及び、彼女たちにとって負担の大きな務めともなっている。

祭りは、神々への供物と「ヤマヌパン」といわれる神行事において唱える祈詞、そして「ミジィマチ（水のお供え）」によって、神々の所在性の顕現の場となっている。ヤマヌパンには、御嶽において拝む対象となる数々の「ウヤン」と呼ばれる神々の名前が登場する。たとえば、鉄の門にましますウヤン、屋敷のウヤン、船着き場のウヤン、イナマ浜の東端の岬にいるウヤンに加え、雨の主、水の主、タコの主、魚の主などの「主」であるウヤンなどがある［アウエハント 2004: 243-296］。御嶽ごとに、ヤマヌパンという祈詞が伝承され、ツカサはその継承者として重要な役割を担ってきたのである。

集落内の御嶽を訪れる神々に対しては、水、線香、米、神酒、泡盛ばかりではな

▲写真14　ヤマの前で祈願する波照間島のツカサ

▲写真15　御嶽を訪れる神への供物の膳

く、伝統的な料理が供物として膳に並べられる(写真15)。「クパン」と呼ばれる調理したミナミイワガニ、「タチウセ」と呼ばれる魚のかまぼこ、ゲットウの葉に包んで蒸した「サニン餅」、ボタンボウフウとアダンの新芽、モヤシの３種を混ぜた「マンズー」と呼ばれる和え物は必須の供物となる。プーリンという儀礼空間は、人－神関係の更新のみではなく、伝統的自然食品の調理をとおして伝統的自然知を蘇らせ、島の人－自然関係の再確認を行う場ともなっている。

プーリンの維持には、豊作の感謝とともに、これを願っての強い祈願が生き続け、伝統を存続させる原動力となっている。「御嶽のウヤン(神)への信仰は島の生活の根本であり、これがなくては生活が成り立たない」と年輩の人々は語り、聖域である御嶽に関するタブーは今でも生きている。現代の生活に合わせた神行事の合理化――プーリンとアミジュワーの一体化――が図られる一方で、神々への信仰を厳格に守る努力がなされている。また、多彩な供物の調理を集落の住民が担っているように、神行事は集落挙げての参加によって支えられているのである。

波照間島における神行事の維持や年間の農耕暦も変化するなかでの豊作の感謝と豊作予祝の神聖な行事としての島を挙げてのプーリンの実施は、現代の文脈において別の意味をも担い始めている。複雑なプロセスからなる儀礼の実践は島民の誇りでもあり、八重山の島々がますます均質化していくなかで、神行事の実践こそが波照間島の島民性を証明する証であり、島民としてのアイデンティティの表出そのものであった。他の地域の農耕儀礼と同様に、波照間島においても「祭り」は地域文化として、地域アイデンティティとして維持されている様子をみることができる。

7 ラダックにおける仏教僧院の祭礼

以上で取り上げてきたように、「祭り」では地域社会によって担われる伝統的信仰や世界観の表出という側面をみることができる。その一方で「祭り」には、本書で大森重宜氏が取り上げている「青柏祭」のように神社が主催するものや、小磯千尋氏が取り上げている「ガネーシャの祭り」のようにヒンドゥー教という教義宗教にもとづいて行われるものがある。また、キリスト教では、クリスマスはもちろんのこと、聖名祝日という守護聖人の日、盛大に祝われる聖週間、復活祭(イースター)などがあり、イスラムにおいてはラマダーン(日中に断食を行う月)明けの祝いや、犠牲祭という大きな祝い事があることは一般にもよく知られることである。

宗教教団由来の祭りには、観客も加わって、芸術的要素が一層加味された儀礼となるものも多い。ここでは、インドのジャム・カシミール州北部トランス・ヒマラヤ山脈地帯、インダス川上流域に位置するラダック地方の人々の祭り、とくにチベット仏教僧院の祭礼を取り上げて、その「祭り」の意味を考えてみることにしたい[山田 2009；煎本 2014]。

多宗教が共存するラダック

ラダック地方の村々は標高3,000メートルから4,300メートルの高標高地帯に位置し、年平均降水量は156ミリ程度、夏季には気温が25～26℃に達するが、冬季には−20℃にもなるという厳しい自然環境のもとにある。ラダックの人々(ラダッキ)は、『食からみる世界』の論考[山田 2017]で述べたように、農耕牧畜を伝統的生業としてきた。そこでは4月から9月の短い夏の期間は農作業、家畜の世話に追われる日々となるのに対し、作物の収穫後の10月頃から翌年の3月までの冬の期間は、農耕・牧畜活動からは解放された日々になる。

ラダック地方は交易の中継地という立地条件もあり、19世紀中頃までは王国として栄えた土地である。古くから仏教が伝播し、インダス川沿いにはゲルク派、ディグン・カーギュ派、ドゥク・カーギュ派、ニンマ派、サキャ派のチベット仏教僧院が点在し、村の各家は何処かの僧院の檀家となっている。チベット仏教徒がラダッキの多数派を占めるが、現在では、17世紀以降のイスラム教徒バルティ[39]

[39] パキスタン北部のインダス川とその支流域からなるバルティスタン地方およびラダック地方のカルギル地区に住む人々で、イスラム化したチベット語系の言語を母語とする。

▲写真16 シュップラー
ラダックの家の大黒柱にくくりつけられたオオムギの初穂。大黒柱を固定する梁には、家族の繁栄を願う吉兆文が描かれる

の移住や、カシミールのイスラム交易商人の定住、19世紀後半からのモラビア教会の布教によって、ラダッキのなかにもキリスト教徒やイスラム教徒がいる。また、インド独立後の国境地帯におけるインド軍の駐留などによって、インドの他の地方出身のヒンドゥー教徒も多く住む。

チベット仏教徒の間では、誕生、結婚、葬儀といった通過儀礼を初め、多くの儀礼が仏教の経典に則って実施される。毎月吉日に僧侶を呼んで、月例の「ラップサンス(家のラーの浄化)」や「チュウトル(水の献供)」と呼ばれる浄化儀礼や、「ソルカ」という読経儀礼を行う。年に1回は、カンギュルという経典を読み通す儀礼である「ツァンツル」が行われる。さらに、農耕活動に合わせて行われる儀礼もあり、その年の農作業の開始にあたっては、畑の神、土地の神に供物を捧げて、畑を開墾して騒がせることの許しを請うた。初めてのオオムギの収穫では初穂を大黒柱にくくりつけ、「シュップラー」という初穂儀礼を行っていた(写真16)[山田 2009：88-94]。

現在では結婚式は冬場に限定されるものではなくなったが、かつては結婚式が単調な冬の生活の楽しみであったといわれる。生業活動を休止する時期である冬は、村人が思う存分に集まることのできる唯一の季節であり、村中の人々を招待しての結婚式は冬の村生活を彩る一つの大きな催しであった。そしてもう一つの冬の楽しみが、各地のチベット仏教僧院で行われる祭りであった。

ラダック仏教僧院の祭礼

ラダックの主な僧院では1年に1回大きな祭礼を実施している[煎本 2014: 45]。チベット暦5月9日～11日に行われるドゥク・カーギュ派のヘミス寺院の「ヘミス・ツェチュー」のように夏に行われる祭礼もあるが、僧院の祭礼はたいてい秋から冬に開催される。ラダックの仏教僧院の祭礼では、チベット仏教僧院と同じように、僧院の祭りとして僧侶が諸尊を象徴する仮面を被って踊る「チャム('chams 仮面舞踏)」と呼ばれる舞踏が行われる(写真17、18)。

▲写真17 ストック僧院の「ストック・グルツェチュ」でのチャム〈左〉と
◀写真18 マソー僧院の「マソー・ナグラン」でのチャム〈右〉

たとえばゲルク派のティクセ僧院の祭礼「ティクセ・グストル」では、チベット暦９月17日から19日にチャムが行われる。これを皮切りに、同じくゲルク派のスピトク僧院の祭礼「スピトク・グストル」ではチベット暦11月17日から19日に、ゲルク派の僧院が交替で主催する祭礼「レー・ドスモチェ」ではチベット暦12月28日から29日に、ゲルク派リキル僧院の祭礼「リキル・ドスモチェ」ではチベット暦12月27日から29日にチャムが行われる。さらにはゲルク派のストック僧院の祭礼「ストック・グルツェチュ(写真17)」ではチベット暦１月９日から10日に、サキャ派のマソー僧院の祭礼「マソー・ナグラン(写真18)」ではチベット暦１月14日から15日にと、チャムの披露が続く。最後を飾るラマユル僧院の祭礼「ユルカプギャット」ではチベット暦２月28日から29日にチャムが行われていた。ただし現在では、ユルカプギャットのように夏の時期に行われるように変わったものもある[40]。

チャムが行われる僧院の祭りの日には、人々は目の前に仏たちが出現したかのようなチャムの踊りを楽しむため、はるばる遠くの僧院まで巡礼のように出かけ、さらにはリンポチェ[41](rin-po-che)からの加護をもらいにいったのである。僧院の祭礼のなかでも、とくに「マソー・ナグラン」では僧侶に、「ティクセ・グ

---

[40] http://leh.gov.in/tourist/Festival%20Calender.pdf

[41]「尊いもの」という意味で、高僧に対する敬称であるが、ラダックでは仏の生まれ変わりとされる「活仏」に対して用いられる。

ストル」と「ストック・グルツェチュ」では村人にと、「ラー(神)」が憑依して現れることが知られており、これら三僧院の祭りには多くの人々がチャムを楽しむためだけではなく、ラーの託宣を目当てに出かける。

マソー僧院の祭礼とラー(神)の現出

マソー・ナグランは、チベット暦1月6日の開始の儀礼から2月8日の村のラトー[42](ラーを祀る石積み)のシュクパ(ネズの葉)の交換まで続く一連の宗教行事であるが、1月12日から15日までの4日間には、「ロンツァン・カルポ(rong btsan kar po、白いロンツァン)」と「ロンツァン・マルポ(rong btsan mar po、赤いロンツァン)」[43]、略して「ロンツァン・カルマル(rong btsan kar mar)」と呼ばれるようになった二柱の村のラー(地方神)が選ばれた二人の僧侶に憑依し、人々の求めに応じて託宣する。神々は身体的に可視化されることになっているのである[山田 2011]。

「マソー僧院の祭り」として一般に知られるのは、11種類のチャムが披露される1月14日と15日の二日間である。14日には、チャムが次から次へと行われるなかで、2人の神託僧がロンツァン・カルマルというラーに憑依された後、中庭で行われているチャムの場に行き、ゴンボ[44](マハカラ＝護法尊)の衣装をまとった他の僧侶のチャムに加わるとともに、人々の求めに応じて託宣を行う。15日には、上半身裸の腹にゴンボの顔が描かれた神託僧が、両目を厚い黒い布でふさがれた状態で村人の前に登場する。神託僧は、物理的には全く目がみえないに等しいといわれるが、「ゴンボの目によってのみものがみえる」状態とされ、僧院の外にあるラトーや仏塔のまわりを歩き回り、人々の依頼に応え託宣する。

チャムの場に登場するロンツァン・カルマルの二柱のラーを目当てに、多くの人が遠くの村々からも参加する。ロンツァン・カルマルはその荒々しさでラダック中に鳴り響いているが、ラダック社会の将来の繁栄の預言といった託宣を行うとともに、祭りの場に参加した人々を祝福し、災いを祓うものとされている。

---

[42] 村のラー、家のラーなどラー(神々)を祀る祠。年に一度、ネズの葉を取り替える儀礼が行われる。

[43] 15世紀にチベットからきてマソー僧院を創建した高僧トゥンパ・ドルジェが連れてきた7人兄弟のラーのうちの二柱の神。マソー村を守るラー(神)となるよう命じられたにもかかわらず荒ぶる神だったが、ロン(谷)と呼ばれる村を流れる川の上流域にラトーを建てて祀るようになってから災いをもたらさなくなり、「白いロンツァン」「赤いロンツァン」と呼ばれるようになった。

[44] サンスクリット語でMahākāla。仏教の護法尊(守護神)であり、日本では大黒天と呼ばれる。

また、両目をふさがれた状態で神託僧が「ものがみえる」かのように歩き回ることができることに、人々は「奇跡」をみることになっている。

ラダックの仏教僧院の祭礼で行われるチャムには、諸尊を象徴する多様な仮面が登場する。その多様な仮面の登場は村人に仏の存在を確信させ、自分たちの日常世界が諸尊に見守られるなかで成立するものであることを改めて得心させるものとなっている。また、祭礼はたいていさまざまな災いの祓いという意味を帯び、チャムに登場する諸尊の一連の所作は、「災い」を象徴する人形の像を切り刻む、あるいは焼き払うことなどによって最終的に無化することに向かう象徴的行為を含んでいる。仏教僧院の祭りの場は、まさに強い力をもつ諸尊への帰依が人間にとって必須であることを人々に再確認させるものとなっている。

ラダックの人々にとっての僧院の祭りは、仮面をつけて登場する諸尊を目の当たりにして楽しむ場であると同時に、その力で災いが払われることもまた実感する場でもある。ラダック僧院の祭礼は、僧院としての宗教行事であるとともに、人々を巻き込んだ祭りとして楽しみと宗教性が現在もなお共在することになっている。

8 祭りの意味――多様性と共通性

世界中の「祭り」を比較文化学の考察の対象とすることは難題といえる。しかし、周極地方における動物の送り儀礼に始まり、クマの送り儀礼、アイヌのクマ祭り、サハの夏至祭り、波照間島を初めとする日本の農耕儀礼と祭り、そしてラダックの僧院の祭礼と、以上で取り上げてきた事例からも、「祭り」の意味の多様性と共通性を読み取ることができよう。

ユーラシアから北アメリカの周極地域に広く分布する動物の送り儀礼には、「動物が再び狩人のもとを訪れてくれるように」という、夏・冬という二元対立的自然条件を跳ね返す願いが共通して込められている。送られる動物の種類は、それぞれの民族が暮らす環境を反映して、大型の陸上動物から海棲の動物まで多様であるが、最も主要な獲物が送り儀礼として祭礼化された「祭り」の主題となっていることが分かる。

また、厳寒の冬の生活の始まりであるとともに、これから太陽が現れ始めるという季節の変わり目ともなる冬至の頃には、極北狩猟民の間では、人間と自然、人間と動物との関係を象徴する送り儀礼を最もダイナミックに表現する集団儀礼として「冬至の祭り」が行われる様子をみることができる。季節に応じて分散的生活を送るイヌイットでも厳寒の冬のキャンプにはメンバーすべてが集合するため、冬は共同生活が最も密になる季節となる。周極地域の「冬至の祭り」は、人間－自然関係とともに、厳寒の冬を乗り越える集団としての連帯性と共同性を確認しあう場という意味をもつことが分かる。

北海道地方は周極地域というにはかなり南方に位置する。しかし、アイヌ文化においても、周極地域諸民族と共通する送り儀礼が重要な存在となっている。アイヌもまた、動物は狩られるために狩人の前に現れるという極北狩猟民と共通の世界観をもち、人間と自然、人間と動物とは互酬的関係──とくに相補的互酬性の関係──にあると捉える。アイヌのクマ祭りは、クマが再び狩人のもとを訪れてくれることを単に願うという意味だけではなく、クマの神に最大の敬意を払い、クマも含めた動物と人間との相補互酬的な関係の維持こそが重要であることを再確認するという大きな意味をもつのである。

一方、ユーラシアの牧畜民では、サハのウセフのように、夏の間の牧畜生活の繁栄の願いが込められた「夏至祭り」あるいは「春の祭典」が大規模に行われる。氏族集団のメンバーが一堂に会する機会である春の祭典は、宗教的な意味だけではなく、遊動生活を基本とするなかで日常的には分散して暮らすことが多い人々が出会い、各種の競技を楽しみながら集団への連帯性、共同性を再確認する場ともなることが分かる。

さらに、農耕社会では、作物の生育に合わせて儀礼が実施されるなかで、収穫祭が大きく祝われる点に共通性をみることができる。祭りの実施方法をみていくと、そこにはそれぞれ独自の伝統的な世界観が投影され、祭りには楽しむと同時に伝統的世界観の継承を図るという大きな意味が託されているのをみることができる。このことは、ラダックのチベット仏教僧院の祭礼にも観察できる。

世界中のどの社会においても、滞りなく、憂いなく人々が暮らせるための装置として、儀礼を独自の文化として発達させてきたということができる。「祭り」は民族文化の表象として多様性をもつものであるが、儀礼の一つとしては人々の不安を払う、あるいは豊穣を期待させるという共通の意味をもつものといえよう。また、集団儀礼であるという点には、集団としての一体性や連帯性を醸成する装置ともなるという意味をみることができる。それと同時に、「祭り」で行われる一連のプログラムは、集団(民族)としての世界の見方、人間としてのあり方などが表象される構造をもち、それぞれの文化を次世代に継承させるシステムとしての役割も担ってきたということができる。

以上のように、本稿では、伝統的「祭り」に焦点をあて、比較文化学的に祭りの意味、意義を探ってきたが、すでに1で述べたように、今日の日本では新たに創出された多様な「まつり」やイベントの開催をみるようになっている。最後に、「祭り」と、「まつり」やイベントとの違いを考えてみることにしたい。

「祭り」も「まつり」やイベントも、参加することで参加者に何らかの一体感が共有される点で同じような効果をもつ。しかし、伝統社会の「祭り」では、当該の社会集団としての「永続」を願い、父から子、孫へと世代を超えて「祭り」の継続が図られるという点に、イベントとの大きな違いがあるといえよう。「祭り」では、参加者の集団としての一体性や連帯性には社会集団としての永続性が前提となる。また、新たに創出された都市の「まつり」にしても、都市としての活性化、永続性を願って自治体が積極的に関わる様子をみることができる。

これに対して、さまざまなイベントのなかには一定の参加者層形成を果たすものもあるが、イベントへの参加は個人的であり、一過性となることも多い。ただし、「祭り(まつり)」が時代によって変化してきたように、どのイベントも、参加者コミュニティの形成、参加者の世代を超えた継続性の担保という参加者同士のつながりが創出される可能性を孕んでおり、イベントもまた「まつり」そのものになりうるといえよう。

参考・参照文献

Black, Lydia (1973) The Nivkh (Gilyak) of Sakhalin and the Lower Amur, *Arctic Anthropology* 10 (1): 1-110.

Balikci, Asen (1968) The Netsilik Eskimos: Adaptive process. In:Lee, Richard B. & Irven de Vore (eds.), *Man the Hunter*, Chicago: Aldine Pub, pp. 78-82.

Charles, George P. (Kanaqlak) (2011) *Yuuyaraq* (The Way of the Human Being) : Yup'ik voices in the transmission of religious and cultural knowledge. In: Yamada, Takako & Takashi Irimoto (eds.), *Continuity, Symbiosis and the Mind in Traditional Cultures of Modern Societies*, Sapporo: Hokaido University Press, pp. 9-58.

Glavatskaya, Elena (2005) Dancing a Bear: Performative aspects of Ob-Ugrians bear festivals. In: Sugawara, Kazuyoshi (ed.), *Construction and Distribution of Body Resources: Correlations between Ecological, Symbolic and Medical Systems*, Tokyo: Research Institute for Languages and Cultures of Asia and Africa, Tokyo University of Foreign Studies, pp. 183-199.

Hallowell, A.I. (1926) Bear Ceremonialism in the Northern Hemisphere. *American Anthropologist* 28 (1): 1-175.

Irimoto, Takashi (1994)Anthropology of the North. In: Irimoto, Takashi & Takako Yamada (eds.), *Ciircumpolar Religion and Ecology*, Tokyo: University of Tokyo Press, pp. 423-440.

Malinowski, Bronisław (1935) *Coral Gardens and Their Magic*. New York: American Book Company.

Oxford University Press, 2003, *Oxford Dictionary of English*, 2 edition, Oxford University Press.

Romanova, E.N. (1994) *Yakutskii Prazdnik Ysyakh* (Yakut Festival Ysyakh). Novosibirsk: Nauka.

Saladin d'Anglure, Bernard (1994) Brother Moon (*Taqqiq*), Sister Sun (*Siqiniq*), and the Direction of the World (*Sila*). In: Irimoto, Takashi & Takako Yamada (eds.), *Circumpolar Religion and Ecology*, Tokyo: University of Tokyo Press, pp. 187-212.

Sharp, Henry (1994) Inverted Sacrifice. In: Irimoto, Takashi & Takako Yamada (eds.), *Circumpolar Religion and Ecology*, Tokyo: University of Tokyo Press, pp. 253-271.

Shternberg, Lev. IA. (1933) *The Gilyak, Orochi, Goldi, Negidal, Ainu: Articles and Materials*. Habarovsk: Dalgiz, HRAF-RX02-001.

Rydving, Håkan (2010) The "Bear Ceremonial" and the Bear Rituals among the Khanty and the Sami. *Temenos* 46 (1): 31-52.

Watanabe, H. (1994) The Animal Cult of Northern Hunter-Gatherers. In: Irimoto, Takashi & Takako Yamada (eds.), *Circumpolar Religion and Ecology*, Tokyo: University of Tokyo Press, pp. 47-67.

Yamada, Takako (2004) Symbiosis with Nature: A message for the reconstructing of Sakha ethnicity and identity. In: Irimoto, Takashi & Takako Yamada (eds.), *Circumpolar Ethnicity and Identity*, Senri Ethnological Studies no. 66, pp. 217-230.

アウエハント、コルネリウス(2004)『HATERUMA－波照間――南琉球の島嶼文化における社会＝宗教的諸相』中鉢良護訳・解説、那覇：榕樹書林。

煎本孝(2007)『トナカイ遊牧民、循環のフィロソフィー――極北ロシア・カムチャツカ探検記』東京：明石書店。

――――(2010)『アイヌの熊祭り』東京：雄山閣。

――――(2014)『ラダック仏教僧院と祭礼』京都：法蔵館。

小口偉一・堀一郎[監修](1973)『宗教学辞典』東京：東京大学出版会。

大林太良、H-J. R. パプロート(1964)「樺太オロッコの熊祭」『民族学研究』29(3): 218-236。

鎌田正・米山寅太郎(2004)『新漢語林』東京：大修館書店。

菊池暁（2001）『柳田国男と民俗学の近代――奥能登のアエノコトの二十世紀』東京：吉川弘文館。

岸上伸啓（2005）『イヌイット――「極北の狩猟民」のいま』東京：中央公論新社（中公新書）。

久保寺逸彦（1977）『アイヌ叙事詩　神謡・聖伝の研究』東京：岩波書店。

クレイノヴィチ、エルヒム・アブラモヴィチ（1993）『サハリン・アムール民族誌――ニヴフ族の生活と世界観』東京：法政大学出版局。

新村出［編］（2005）『広辞苑第５版』東京：岩波書店。

住谷一彦・ヨーゼフ、クライナー（1977）『南西諸島の神観念』東京：未来社。

ターナー、ヴィクター W（1976）『儀礼の過程』冨倉光雄（訳）、東京：思索社。

パウルソン、イヴァール（大林太良訳）（1964）「極北および亜極北諸民族における熊の頭蓋の儀礼的掲揚」『民族学研究』29(3): 191-205。

原子令三（1977）「ムブティピグミーの生態人類学的研究――とくにその狩猟を中心として」伊谷純一郎・原子令三［編］『人類の自然誌』東京：雄山閣、pp. 29-95。

福井勝義（2018［1974］）『焼畑のむら 昭和45年、四国山村の記録』東京：柊風舎［初版（1974）『焼畑のむら』東京：朝日新聞社］。

宮岡伯人（1987）『エスキモー――極北の文化誌』東京：岩波書店（岩波新書）

ロット＝ファルク, E（1980）『シベリアの狩猟儀礼』田中克彦・糠谷啓介・林正寛（訳）、東京：弘文堂［Lot-Falck, E., *Les rites de chasse: chez les peoples sibériens*, Paris: Gallimard,1953.］

山田孝子（1994）『アイヌの世界観――「ことば」から読む自然と宇宙』東京：講談社（講談社選書メチエ）

――――（1996）「アイヌにおけるカムイの認識と祖先祭祀」『霊魂をめぐる日本の深層』梅原猛・中西進［編］、東京：角川書店（角川選書）、pp. 51-67。

――――（2002）「サハにおける文化復興とシャマニズム・儀礼の復興」煎本孝［編］『東北アジア諸民族の文化動態』札幌：北海道大学図書刊行会、pp. 319-356。

――――（2009）『ラダック――西チベットにおける病いと治療の民族誌』京都：京都大学出版会。

――――（2011）「可視化されるラー（神）の力と宗教性の現出――ラダックにおける僧院の祭りから」『北方学会報』15: 3-14。

――――（2012）『南島の自然誌――変わりゆく人－植物関係』京都：昭和堂。

――――（2017）「『食』の比較文化学にむけて――人－自然関係の人類史と民族誌から」山田孝子・小西賢吾［編］『食からみる世界』京都：英明企画編集、pp. 33-58。

渡辺　仁（1964）「アイヌの熊祭の社会的機能並びにその発展に関する生態的要因」『民族学研究』29(3): 206-217。

――――（1993）「北方猟漁民の『送り』型信仰儀礼とその地域性」札幌大学女子短期大学部創立25周年記念論文集編集委員会［編］『地域・情報・文化――札幌大学女子短期大学部創立25周年記念論文集』札幌：響文社、pp. 25-34。

座談会 II

祭りに浮かび上がる民族性と地域性

崇敬・禁忌・願望・生業・技術

●参加者●
大森重宜／小磯千尋／小西賢吾／
本康宏史／山田孝子／ジェームス・ロバーソン

長きにわたり世界各地で営まれてきた祭りには
神事や行事を通じて集団の規範を学び、共通項を再確認して信頼を醸成し
その集団の価値観を体得する機能が備わっています。
比較文化学の視点で祭りを観察すること、祭りに参加することは
その集団の民族性や地域性、身体性を学び、継承することにもつながります

山田孝子●比較文化学において、世界の多様な民族の文化を比較して共通性などを探る際には、まずは自国の文化についてきちんと学ぶ必要があると考えています。日本のことも自分の故郷のこともみたうえでなければ、外国をみることはできません。そこでここでは、日本最大の山車である「でか山[1]」の巡行で知られる石川県七尾市の青柏祭[2]を比較の中心に据えて、世界の祭りについて考えてみましょう。まずは青柏祭で神事を執り行う大地主(おおとこぬし)神社の宮司でもある大森重宜さんから、青柏祭の特徴についてお聞きしながら議論を進めていきます。

民族と社会の「思い」が詰まった祭り——何を敬い、何を憂い、何を祓うのか

祭りにおける禁忌(タブー)と潔斎

小磯千尋●祭りには、物忌[3]との関係で必ずタブー(禁忌)となる事項がありますね。穢れについての考え方も影響すると思いますが、青柏祭にはどんなタブーがありますか。

大森重宜●かつては、女性は「でか山」を曳く綱をまたいでもいけないし、山に乗ることも許されないという決まりがありました。しかし現在では、「でか山」を出す府中町、鍛冶町、魚町という三つの町内のうち、鍛冶町をのぞく二つには女性の曳き手グループができています。とくに府中町の「でか山」には、祭りの最後に女性だけが曳く「女山」という行程があります。そこには、祭りの裏方として働いた女性たちに対して、「お客さんを迎えたりして面倒だっただろう。最後は楽しんでください」という思いが込められていると思います。

そもそもは祭りにおける男女の役割分担があって、女性が関わることに目くじらを立てるような話ではなかったと思います。ある時期か

1) 日本一大きな曳山であるところから「でか山」と呼ばれる。明治期は正式には山鉾と呼んでいた。「でか山」は通称で、明治の終わりから大正初めに定着。詳細については141ページからの大森重宜による論考を参照。

2) 141ページからの大森重宜による論考を参照。

3) 祭りのため、あるいは災いから逃れるため、特定の期間中、飲食や言行等の日常的な行為を控え穢れを避けること。肉食や臭いの強い野菜の摂取を避けるなど。

ら「山に乗ってはいけない、綱をまたいでもいけない」と禁じることで神聖さを演出しはじめたわけですが、実際には山車の飾りは女の人が作って飾っているわけですよ。(笑) ですから、本来は女性を蔑視したり、穢れとして捉えるような話はなかったのだと思います。

小磯●死の穢れについてはいかがですか。

大森●四十九日を過ぎていればいいことになっています。

青柏祭で山の運行に関わる者たちは、かつては婦女子を近づけず、山籠して沐浴潔斎していました。あれほど大きなものを動かすのですから、そうして心身を整えて、心構えをもって臨まないと危険だという考えに基づいたシステムだったと思われます。下着も新しいものにして参加したそうです。

罪穢れに関するもう一つ大事なこととして、青柏祭で祝詞を上げる儀式があります。同じ七尾市内の唐崎神社[4]にある紅葉川に、宮司である私が祝詞を上げに行きます。それは「かしこみかしこみ申す」と神様にお願いをするのではなく、お祓いをしたうえで、「七尾市民に罪穢れがなくなりました」と宣言する。「○○と宣る」という宣命書きの形の祝詞を上げます。かつては夜中の2時に、誰にもみられないようにして秘儀として執り行っていました。現在は「お水取り」としてみなさんにもみていただくようにしていますが、そうして罪穢れを払います。このようにさまざまなことがシステマティックに動くようにできているのだと思います。

祭りから考える**日本の集団**における**女性観**

ジェームス・ロバーソン●飛騨の古川祭[5]についてScott Schnellというアメリカ人研究者が書いた本によると、やはり表では女性の役割はほとんどなくて、祭りの前夜などに各家庭で開かれる宴会の準備など、裏方としての役割が多いということでした。青柏祭ではい

---

4) 石川県七尾市小島町にある神社。141ページからの大森重宜による論考を参照。

5) 毎年4月19日、20日に行われる、飛騨市古川町にある気多若宮神社の例祭。国の重要無形民俗文化財で、ユネスコ無形文化遺産にも登録されている。日本三大裸祭りの一つとされ、勇壮な「起し太鼓」と絢爛豪華な屋台巡行が行われる。

▲**写真1**
大地主神社に奉納される「でか山」
現在奉納されるのは3基。それぞれ高さ約12メートル、開きと呼ばれる上部の幅は最大13メートル、重量は20トンに及ぶ。詳細は141ページからの大森重宜による論考を参照

かがですか。

大森●青柏祭では「でか山ごっつお」という祭りのための料理があって、女性はその準備をします。祭りには日本各地からたくさんのお客さんが来られます。商売をしている方はお得意さまを呼ぶこともありますから、それを迎えるための料理ですね。

ロバーソン●飛騨の古川祭について書かれた本では、区長などを務めている女性ですら祭りでは中心的な役割を担えないことについて、女性は外から嫁としてその地域に入っていて、地元の出身ではないことが影響しているのではないかと指摘していました。

大森●女性に限らず男性でも、外から来たために、その地域の祭りで役割を与えられにくいということはあるかもしれませんね。この地に生まれ育って、祭りのことが最後までわかっていないと、祭りでの中心的な役割は担えない。そういう知識と知恵をもった人でなければ、危機管理ができないという面があるのだと思います。金銭的・社会的に成功しているかどうかに関係なく、祭りについての危機管理をきちんとできる人が組織のトップになるというシステムが、現在ではできあがっていますね。

第二次世界大戦の終戦の年の祭りで、海辺に飾っておいた「でか山」が倒れたことがあったそうです。力があって元気な男性がみんな戦争に行ってしまった時期なので、女性だけで作ったらしいのですが、締

めが弱かったようで倒れてしまった。このとき七尾市民は「日本は絶対に戦争に負ける」と覚悟したそうです。

山田●祭りにおけるジェンダーの問題については、どちらがやりやすいか、よりふさわしいかたちで分担するという考えに立てば、裏方もいなければ祭りは成立しないわけですから、表がよくて裏が悪いということではなかったと思います。自然のあり方としてふさわしいかたちで進めるという考えがあって、互いに協力することで地域が成り立っていた。それが祭りにも反映しているのではないでしょうか。

大森●じつは現在では女性の神職も増えていて、資格をもっている私の妻も地鎮祭などに行くこともあります。ほとんどの祭りで女性が神職を務めることに抵抗はないのですが、船の進水式についてだけは、船主さんから「勘弁してくれ」と言われます。けっして女性蔑視とかいう話ではなく、やはり板子一枚下は地獄、命に関わることだから、昔からの習慣を守りたいという思いではないかと思います。「でか山」の構造は造船技術がベースになっていますし、あれは船とも捉えられるので、女人禁制についてはその発想の影響もあるかもしれません。

祭りに込められるテーマとメッセージ

小磯●「でか山」の舞台に飾られる出し物は毎年変わるようですが、それは町内の合議で決めるのでしょうか。そこには何かメッセージが込められているわけですか。

大森●その時代時代に合わせたメッセージを込めて、毎年合議で決めています。歌舞伎の演目から選ばれますが、それは現在の「でか山」の形態が定着した当時にみんなから人気があったものだったわけですから、現代でたとえて言うなら、AKB48が踊っているようすを表現しているようなものかもしれません。

小磯●インドのガネーシャの祭礼[6]では、毎年「飲酒は社会的によくないからやめよう」とか「〇〇が体によくない」といったメッセージを出します。「宗教の融和をめざそう」といったテーマもよく目にしますね。

大森●震災が起こったときには、山車を出すか控えるかという話し合

6) 本書83ページからの小磯千尋による論考を参照。

いがありましたが、最終的には「地震には絶対に負けない」という幕をすべての山で掲げて巡行しました。

ロバーソン●「でか山」の舞台の飾りは保管されていますか。

大森●毎年作り替えています。いわゆる演劇の舞台と同じで、保管しておくことはないですね。

山田●どんな絵を描くとか、舞台や飾りを作るための図面などは残してありますか。

大森●それは各町で保管してあります。

でか山の装飾技術が示す七尾の都市性

大森●かつては指物師や絵師、人形師など、「でか山」に関わって暮らす人たちが大勢いました。しかし、いまは「でか山」の舞台の飾りは各町内で、若い衆が作ります。「でか山」自体の組み立ても、青柏祭は農閑期に行われますから、かつては田植え前の農家の方が小銭稼ぎで来て組み立てていました。地域社会全体で祭りに関わるそういう制度があったのですが、現在は各町内で自分たちで組み立てています。

小磯●「でか山」の組み立てには何か月ぐらいかかりますか。

大森●１週間で組み立てますよ。

ロバーソン●祭り全体の準備にはどのくらいかかるのですか。

大森●365日です。(笑) 今年の祭りが終わったらすぐに、来年の祭りをどうするかという話になりますね。

本康宏史●いまのお話を聞くと、七尾が昔から能登のなかでも突出した都市であったことがわかります。農耕従事者以外の人がたくさんいて、都市文化が成立していたということです。だから指物師も絵師も大工もいて、それがあったからこそ成立したお祭りのような気がします。

小磯●「でか山」の幕や人形の衣装には、すごく凝ったものがみられますね。あの技術も、もともと七尾にあるものでしょうか。

大森●あれは京都から入ってきたものだと思いますね。

本康●青柏祭には、おそらく祇園祭の影響、流れがありますよね。

大森●ええ。近江国のどこか、大津あたりから船で七尾にもたらされたのだと思います。

▶写真２
青柏祭
「でか山」の舞台
毎年各町が合議して、歌舞伎の演目の一場面を表現した人形舞台を飾る。人形の衣装や飾り付けられた幕には京都の祇園祭からの影響がみられる

本康●長浜にも山車を出す祭りがありますが、それがさらにいろいろなところへと伝播しているわけですね。

大森●おそらくそうだと思います。

本康●大津から海津という琵琶湖の北まで船で行って、そこから北陸へと入りますから、そのルートを通って京都から北陸、能登まで、わりとスムーズにさまざまなものが入ったのだと思います。

祭りを盛り上げる町どうしの対抗関係

小西賢吾●祭りのときには、たとえば地域の日常的な対抗関係が顕在化して、「ふだん偉そうな顔をしている連中に仕返ししてやる」といったことも起こると思います。青柏祭では、山車を出す三つの町のあいだには対抗関係があるのですか。

大森●やはり町どうしの対抗意識はあって、よその町内に入るときは緊張するそうです。「でか山」に上がると健康に育つという言い伝えがあるのですが、その町内の人間でなければ登らせてもらえません。それを子どものときから経験しているので、そういう意識も生まれるのだと思います。どの町に行っても問題がないのは私だけですね。

自分の町に対するプライドがあって競い合いがあることは、祭りの存続にとって大事なことです。現在は「でか山」を出す町は三つですから競い合いがしやすい。これが二つだったらおそらく続かなかったのではないかと思っています。

明治期に金沢には10軒、七尾には６軒の芝居小屋があって、大阪から坂東一座なども来て長期の公演が行われていました。人びとはその歌舞伎を実際にみて、その動きを山車の人形に再現します。祭りのときには、どの町の山車の人形の顔や動きがよかったかということも競争になる。祭りのすべてのことで競い合い、それがうまくいかなければ１年間たまらないというような生き方をしていたと思います。

山車を動かす役割分担と柏葉に込めた願い

ロバーソン●飛騨の古川祭では、みんな上半身裸になっていますが、青柏祭は違いますね。それはなぜでしょうか。

大森●青柏祭では、神に対する敬意を示すという考えから、祭りの衣装はきちんと整えます。行われる季節が５月の上旬ですので、まだ寒いからという理由もあるかもしれません。たしかにキリコ祭り、奉燈(ほうとう)祭り[7)]のときは、上半身裸の人たちが以前は多かったですね。しかし青柏祭ではそれはしません。

さらには、青柏祭の場合は役割によって衣装が違うので、脱いでしまうと役割がわからなくなって危険だということもあります。綱を引く人、梃子を使う人、木遣りをあげる人という三つの役割が明確になっていて、きちんと連携しないと危ないですし、「でか山」が動きません。

小磯●青柏祭では、下積みを経てからだんだん重要な役割を果たすようになっていくもので、たとえばいきなり綱を引くといったことはないわけですか。

大森●綱を引くこと自体は、観光客の方も含めて誰でもできます。難しいのは梃子です。山車の内部にもじつは人が

▼写真３
「でか山」曳行のリーダー「後見」
梃子を使う技術の習熟者から選ばれ、曳行に関わるすべてを取り仕切る

7) 奥能登では「キリコ」、七尾市周辺では「奉燈」と呼ばれることが多い。七尾市石崎で毎年８月に行われる「石崎奉燈祭」は、特によく知られる。

入っていて、中からも梃子を使っています。梃子を使うのは怖いのです。「でか山」には舵もブレーキもありませんから、梃子ですべてをコントロールします[8]。梃子のタイミングがずれると、電信柱にぶつかって折ってしまうこともある。家を壊したり、へたをすると人を轢いてしまったりする。実際に100年ぐらい前には、酔っ払った人が轢かれて亡くなってしまったこともあるのです。

山田●能登で5月という季節に祭りをする本来の意味はどこにあるのでしょうか。柏の芽が出たころに祭りをするということですか。

大森●「青い柏の祭り」という名前のとおり、柏の青々とした葉が成長して、ある程度の大きさになった時期です。日本のさまざまな儀式では三宝の上にお供え物をしますが、三宝を使う前は柏の葉を使っていました。日本中の古い神社は全部と言ってもいいほど、柏の葉を何かしらで使っています。

柏の葉というのは、赤く枯れてもそのまま木に残って新芽が出るまで落ちないので、家系が途絶えず、伝統や命・魂をつなぐ縁起物だとされてきました。また、森を守る聖霊は柏の木に宿るとも言われます。そうした意味合いがあって柏の葉を重要視しております。柏餅などにも、そういう意味が込められていると思いますね。祭りでは、私たち祭主は冠に柏の葉を三つ貼って社紋を作ってご奉仕します。

祭りに顕現する社会の姿――歴史、文化、宗教観

為政者・能登畠山氏の祭りとしての青柏祭

本康●青柏祭に「でか山」を奉納する三町の全員が大地主神社の氏子というわけではないそうですね。なぜそうなっているのですか。

大森●青柏祭では木遣り衆が、「今日は申の日 山王の祭り――」という木遣り歌を歌います。山王神社というのは大地主神社のことで、三つの町のみなさんは正月にはお参りに来られますし、心の奥底に大切にしていただく意識はあるかもしれませんが、みなさんが大地主神社の

8) 曳行技法について詳しくは、本書141ページからの大森重宜による論考を参照。

氏子ではないんです。

もともとこの祭りは氏神様に奉納するものではなく、畠山氏という為政者に向けた祭りだったのではないかと思われます。14世紀の末ごろに畠山基国が能登の守護になります。基国は能登の他にも３か国の守護を務め、室町幕府の将軍を助けて政務を総括する管領でした。たいへんな権力をもった人だったわけです。その人が七尾に設けられた府中館という行政府に入られて、そこには京の都の、地元の人がそれまで感じたこともない、やんごとなき雰囲気があったのだと思います。その府中館の片隅に神社も作られたと考えられます。

この畠山基国から続く能登畠山氏[9]が七尾を治めていた時代に、山車の奉納も始まったと考えられます。つまりそのときの最高権力者にみせるためのものです。当時はもちろん、現在の「でか山」ほど大きなものではなかったと思います。

本康●畠山氏の治世下では、政治的安定が実現して、京都からの文化も流入しました。おそらく七尾近辺の畠山文化がベースにないと、青柏祭は生まれていなかったでしょうね。

山田●村の鎮守のお祭りとして氏子がする祭りとは、かなり違ったかたちですね。都市祭礼で、政治的な統治者のための祭礼という感じです。

大森●こうした祭りがなければ、畠山氏もこの地をうまく治められなかったのだと思います。地域の人たちに楽しみを提供したりバランスをとったりしないと、下克上がいつ起こるかわからないわけですから。

山田●祭りのときに為政者は、さまざまな支援をして、地域の人たちに資財を放出していたわけですね。そこで重要なモノのやり取りがなされていた。

大森●それで社会の融和ができるでしょうし、町民、武士、農民の方もみんなが集まって、いっしょに祭りをすることで、ある意味で「聖なる休戦」ができていたのかもしれないですね。

---

[9] 畠山氏は足利将軍家に連なる名門で、能登畠山氏はその分家である。七尾城に拠点をおき、16世紀畠山義総の時代に全盛期を迎えたが、1577年に上杉謙信の侵攻によって能登畠山氏の支配は終焉を迎えた。

山田●そうですね。だからそこはある程度の無礼講も許される場だった。

本康●青柏祭は民衆に対する「ガス抜き」という要素が強い祭りだったのだと思いますね。

沖縄における祭りの担い手と青柏祭の秘儀

山田●別の地域からこの七尾市に入ってきた人たちが住みついて、祭りに参加していくということもありますか。

大森●都市は生き物ですから、それは当然のこととしてあります。すぐにはもちろん難しいのですが、三代前にこの地に入ってきた人が、祭りの組織でトップになることはあり得ます。一所懸命に祭りに関わっていた人たちがいなくなって、かわりに別の人たちが入ってくるといった担い手の入れ替わりもあると思います。

山田●たとえば沖縄の祭りでは、司[10)]という巫女の人たちが重要な役割をしています。その司を継承する人たちの減少が問題になったときに、外から移住してきた人が司役を継ぐことを認めるかどうかが、一つの課題になりました。

大森●いわゆるシャーマンですから、その力があるかどうかが問題になりますね。

山田●もちろんその素質がないと無理です。また宮古では、巫女として司をサポートする集落の女性がたくさんいますが、その集団に外から入ったお嫁さんを入れるかが問題になりました。近年では、維持のために入れることを認めようという意見が出てきています。

ロバーソン●沖縄の波照間島などでは、誰に対しても絶対に秘密にしなくてはならない祝詞があると聞いたことがありますが、本土にもあるのでしょうか。

大森●かつてはありましたが、明治時代に国の圧力で祝詞なども画一化されてしまいました。ただし、先ほど言った唐崎神社の紅葉川での儀式は真の秘儀でした。その瞬間は神主が神になるわけですから、それはみなさんにみせるものでも聞かせるものでもない。地域のお年寄りの

---

10) ツカサといい、御嶽を中心とする祭祀を担う女性神職を指す。本書29ページからの山田孝子による論考を参照。

なかには「儀式の時間に起きていてはいけない。絶対に電気をつけるな。音を聞いてもいけない」と言われたという方もおられます。

祭りを祭りたらしめる社会的良心の存在

大森●私は、祭りの本質は罪穢れを払うことだと思います。人間は生きるなかで必ず罪を犯します。その穢れ払いが祭りであって、それ以上でもそれ以下でもおそらくない。そうすると、山車が日本一の大きさであっても、それは極論を言えば遊びですから、どちらでもいい話かもしれません。さらに言えば、山車でなくてもいいのかもしれません。

小西●祭りとイベントとの大きな違いは、そのあたりにあるのだと思います。私が調査している秋田の角館のお祭り[11]でもそうですが、とくに激しいお祭りの場合、ここ数年で最も重要なことの一つが、警察との付き合いになっています。祭りの本質を忘れて単に騒ぎたいだけなら、秩序を極端に逸脱することは社会的に認められません。もはや地元の文脈だけではなく、外の論理で祭りを管理せざるを得ない状況が起こってきています。これはおそらく日本全国どこでも起こっている問題ですし、世界的にもあるかもしれません。そういう時代の要請が、祭りの本質について考え直す契機になるかもしれません。

大森●たとえば青森のねぶたは神無き祭りです。あれはイベントです。カラスハネトという人たちが暴れるのも、同じ方向を向いて頭を下げることがなくて、「バチが当たるぞ」という精神が通じない世界になっているからだと思います。それこそ神聖性も最初からないわけですよね。

小西●カラスハネトというのは愚連隊のような人たちで、1990年代の青森ねぶた祭で問題になり、祭りから排除されるようになりました。神様や宗教的職能者がいなくても、祭りの自浄作用が働いて、秩序ができてくる可能性はあると感じますね。

大森●神とはつまり「良心」だと思います。よい心がないと、祭りはできない。たとえばとんでもないことをする人がいたとして、それにど

---

[11] 秋田県仙北市角館町の神明社、薬師堂の祭りで、毎年９月７日～９日に行われる。18台の曳山が巡行し、「ヤマブッツケ」と呼ばれる曳山のぶつけあいでも知られる。本書127ページからの小西賢吾による論考も参照。

のように対処するかという危機管理ができていないと、祭りもうまくいかないと思います。きちんとした良心を社会が持っているかどうか、社会に力があるかどうかがあらためて問われる時代になりましたね。

山田●かつては社会にある程度共通の枠組みがあったから、良心や信仰にしてもうまく機能して社会が維持されていた。現代の問題は、共通項がなきに等しいぐらい分散してしまっていることでしょう。集団というものは、ある程度の共通項を持たないと、維持することができません。そのあたりのことがいまは忘れられすぎているのではないでしょうか。祭りなどをきっかけにして、もう少しそのことを思い起こさせつつ地域を活性化することも必要になると思います。

祭りによって育まれる日本人の身体性

大森●これは言葉を選んで話さなければいけませんが、祭りは宗教を超える部分もあると感じます。たとえば、いま七尾の祭りのインバウンドでまちおこしをしようと中心になって活動している女性は、敬虔なクリスチャンの方です。日本の祭りには、そういう許容性がある。たとえ無礼があったとしても、「日本の神様は大らかで、寛大ですから」という話になります。

ただしその一方で、裏には厳しい規範が存在します。たとえば祭りの儀式では、どちらの足から立たなければいけないといったことがすべて決まっています。どんな衣装を着るか、太鼓の叩き方から笛を吹くタイミングまで、さまざまに厳しい規範がある。しかし、それをとくに声高に言うことはありません。広い気持ちで多様なものも受け入れて、しかし儀式となると自然と規範に従った動きをする。これは日本人らしい、日本社会の象徴的なものだなと私は思っています。

小西●もしそういう日本人らしさがあるとすれば、そのひとつは祭りを通じて体得した地域特有の身体性ではないかと思います。祭りの理念はもちろん重要ですが、それを頭で理解するだけではなくて、山車を曳くとか神輿を担ぐといった動きのなかで自分の中に取り込んだ経験の共有のようなものが基盤にないと、祭りというのは続かないと思いますね。

本康●比較文化的に言えば、日本人の宗教観や宗教感覚は、世界の他の地域とは大きく異なる部分がありますよね。それこそ「なんでもアリ」みたいなところがある。祭りは本来は宗教や信仰と深く結びついているものですが、一見してその密接な関係が読み取れないかたちで発展しているものもある。しかし、祭りのさまざまな演出や構成のなかには、身体的に気持ちがいいとか、動かすことで快感を得るものが入っていて、それが重要な機能を果たしている。

▲写真4
祇園祭
大船鉾の巡行
日本の伝統的な祭りでは、山車を曳いたり神輿を担いだり、力を合わせ、息を合わせる行事がある祭りが多くみられる

大森●柳田國男が言うように、祭りにあるのは信仰ではなく信頼かもしれません。最終的には、みんなでいっしょに物を動かすことによって、コミュニティ間の信頼を醸成する。

小西●宗教との関係については大らかでも、足を左から出すか右から出すかについてはすごくうるさいというのは、まさに象徴的な話です。結局、体がうまく動いているかどうかのほうが、信頼関係の醸成には重要ですからね。

大森●そうです。うまく体を使って動かさなければ、山車は転んでしまいますからね。

小西●祭りをみたり参加したりして思うのは、参加者が本当に一体になっていると感じられる時には、人びとがすごくなめらかに動いて、山車もスムーズに移動していく。息が乱れているとバラバラです。キリコを担ぐときもそうですが、人がたくさんいても、息が合わないと持ち上がらない。この「息が合う」というのは興味深い表現だと思いますが、そうなったときには個人を超えたような力が出て、みんなが一体になったような感覚になる。祭りというのは、そういう言語化できないレベルの力が大きく動いている感じがします。

世界の祭りで普遍的にみられる競争の要素

山田●祭りでいっしょになって何かをするというのは、すごく日本的だと思います。たとえばシベリアのサハの夏至祭りでも、モンゴルのナーダムという祭りでも、やはり楽しむ要素が必ず入っていま

▲写真5〈上左〉モンゴルの祭りナーダムでの競馬

◀写真6〈上右〉サハのウセフでの力くらべ

競馬や相撲、力くらべなど、世界の祭りでは個人競技による競争的要素が広くみられる。とくに牧畜社会を原型とする集団では顕著である

す。しかし、牧畜社会が原型であるサハやモンゴルの祭りでの楽しみの要素は、みんな個人競技です。競い合いの要素はかなり普遍的にいろいろな祭りでみられますが、牧畜社会ではとくに個人の力の競い合いがメインになっています。

一見すると競技ではないようなものでも、たとえば女性が盆踊りのように輪になって踊る「輪踊り」というものがありますが、そのときには先頭の人がどれだけ長く歌って踊りの輪を続けられるかが競争になる。アラスカのイヌイットの人たちでも、厳寒で極夜が続く冬に初めて太陽が出てきたときには最大の祭りが行われますが、やはりそこでも力くらべがあって、競い合いの要素が出てきます。

本康●ある集団どうしで競ったり戦ったり、個人で競争したり、くらべるということが、祭りの本質のなかにある可能性があるわけですね。

山田●祭りでは、良いことを願って、悪いことを払う。ですから、悪いものと良いものとのあいだの力くらべ、競い合いの要素はかなり普遍的だと思われます。

本康●たしかに日本の祭りにおいてみんなで力を合わせるというのは、農耕をしていたからこそ出てきたものでしょうね。社会の姿が祭りに象徴されている。

大森●それは集団の集約のためです。そうしなければ農作業はできませんから。

山田●集団として生きていかなければいけないし、そのコミュニティを維持して強化しなくてはいけないということですね。

大森●日本の祭りは、ほとんどがコメの祭りです。アワやヒエやムギにくらべたらコメは抜群においしくて、なおかつうまく作れば大量にできる。しかし気象など自然の脅威の影響を受けますから、コメを無事に作るための祭りとなると人も集まりやすいわけです。

農耕民の祈りと畏れを体現する山車

山田●農耕に関連した祭りは、ラダックにもあります。チベットでも主要作物はオオムギやコムギです。そのムギの最初の収穫、初穂刈りのときに大きな祭礼をするところが青海省のチベット人の村々には残っています。その祭りでは、村中の人たちが出てきて村の神のところに行ってまずお祈りをして、踊りを奉納する。

もう一つ、その村では、村の鎮守の神様に血の奉納をします。男の人が体のあちこちに串を刺して踊る。激しく踊ることで血を出して、自分の体を供儀するかたちで神に祈る。

大森●難行・苦行をすることによって、集団が集約されるということはあると思いますね。それこそ古代のオリンピックは、体を鍛えて競い合って、それを奉納したものですから、まさに同じことだと思います。

小磯●ラダックの村の神様は、村境を守っているわけですか。

山田●そうですね。たいてい村の小高いところにいます。その神様(村のラー)からみえる範囲と村の範囲とがおおよそ重なりますね。

小西●日本でもそうですが、地域の空間とお祭りは関係が深いですね。どこに神がいるのか、どこから神が来るのか。そうしたことと、地域を取り囲む山や海などの地形とは密接に関係しています。

大森●日本では、体と心すべてが浄化された先祖の御霊は山の向こうにいて、自分の子孫が田を耕し、コメを作っている姿を雲の切れ間からみているという発想がありますね。そこでコメ作りが大事になってくるわけです。日本の祭りの原点として、コメを介して祖先と通じるという発想があるのだと思います。さらには自分たちもいずれは先祖の御霊がいる山に行くのだという考えもあって、死生観に至るまでコメが関与する。そこで祭りでは祖先、山の神を喜ばせるために歌を

▶写真7
チベット同仁のルロ祭り
頬を貫いた串の先に布をつけて踊り、自らの血を神への犠牲として捧げる

歌ったり、踊ったりすることになります。

本康●そういう考えとともに、農耕民にとっての山は水の源泉としても重要な存在です。そこから「水の神」とか「山の神」という発想になって、その山自体を尊ぶ。それが祭りに出てくる山車の原型です。本当の山そのもの、マウンテン自体を山車にしているところもあります。農耕民が山に対する信仰を持っていて、それが山車化するパターンです。

ロバーソン●私が子どものころには、山は天国に近く、神様に近いから聖なるところだと教えられました。聖書では、神様と会話をするために山に登るという話があるんです。日本人にとっての山は、水の源であるから重要だということですね。

本康●とくにコメ作りをする農耕民にとっては、それが大きいと思います。もちろん高いから聖なるところだという考えもあります。たとえば白山なども山自体が神様になっています。おそらくこれは山岳信仰[12)]とも関係しますね。

---

12) 山そのもの、もしくは山中の岩などを神と捉えたり、特定の神が宿ると考えたりして崇拝の対象とする信仰。山への祈願は、自然の恵みへの感謝と自然災害の抑止を願う両面がある。霊山を巡って修行し、験力を試すという修験道もその一つ。聖山と考えられた山は巡礼の対象になることも多く、入山や樹木の伐採が制限されることもある。北陸地方では、白山や立山の信仰が有名。

小西●私は祭りの研究をしてきたので、どうしても肩を持ちたくなるのですが、その土地について何か知りたければ、そこの祭りに参加することが一番だと思っています。

祭りには、その土地の人や文化を代表する部分がさまざまなかたちで表れます。どこかの文化について興味をもって知りたいと考えたら、まずは祭りに参加して観察することです。たとえばインドに興味があるなら、インドのお祭りをインターネットでもいいので一度みてみる。金沢について知りたければ百万石まつりや獅子舞などをみて、能登のことを知りたければキリコを一度担いでみる。異文化について学ぶ入り口として、みる側でも担う側でもどちらでもいいので、祭りへの参加をお勧めします。

もちろん参加条件が厳しい祭りもありますが、多くの祭りでは、祭りのときだからこそ外部の人が来ることを許してくれることがあります。そこで一度地域が開くわけですね。その機会をうまく使って入り込んでみるといいと思います。

山田●人類学のフィールドワークでは、初めての調査地に行くのなら、祭りがある時期に行くのが近道だということがありますね。

小磯●たしかに、みんながオープンになっているときですからね。

山田●その地域や社会、その集団のエッセンスが、祭りではより明確にみえてくるということがあります。

小西●そこでは食もみられるし、衣装や服についてもみられるし、音楽についても観察できますからね。祭りは文化の様々な側面が複合した、すごく豊かな現象だと思います。

参考・参照文献

Schnell, Scott (1999) *The Rousing Drum: Ritual Practice in a Japanese Community.* University of Hawai'i Press.

ガネーシャ祭礼の歴史にみる祭りの力

公共祭礼化がもたらした可能性

小磯 千尋

1 西インド最大の祭礼 ——内と外のガネーシャ祭り

▲写真1　ガネーシャ神の像
祭礼の最後に行列で運ばれ川に流される。その時点が祭礼のハイライト〈プネー〉

インドのカレンダーを見ると、各宗教における新年や、神々または聖者の生誕日などが数多く記されており、毎日のように何か祭礼があるといっても過言ではない。筆者が長年暮らした西インドの都市プネーでも、1年を通じてさまざまな祭りが祝われている。

そのなかで最も大がかりに祝われる祭りが、ガネーシャ（ガナパティ）神❶（写真1）の生誕祭である。プネーやムンバイーをはじめとする西インド地域では、ガネーシャ神信仰が盛んである。ガネーシャ神は象の頭に人間の体をもつ神体で表され、シヴァ神とパールヴァティー女神の長男といわれている❷。ガネーシャ神は両義的な側面をもつ神で、物事の障害を除き成功に導く神として信仰されると同時に、障害をもたらす神として恐れられてもいる。

8月の下旬、雨季が終わりに近づくと、町の辻々に大がかりな仮設神殿が準備され、ガネーシャ神の神像とともに、趣向を凝らした飾りつけがなされる。10日間にわたって祝われる祭りのクライマックスは、巨大なガネーシャ神の像を山車に載せて水場まで運ぶ行列である。そのパレードの盛り上がりは、太鼓や鉦の音、最大限の音量でスピーカーから繰り返し流されるガネーシャ神の讃歌、風に舞う色粉にまみれて踊り跳ねる人々の陶酔した姿に象徴される。

---

❶本稿では日本でよく知られる名称「ガネーシャ」を基本的に用いたが、プネーでの祭礼では「ガナパティ」という名称が一般的である。そのため、二つの名称を適宜使い分ける。

❷『ガナパティ・プラーナ』が伝える以下の話が広く知られている。「沐浴する際に見張りが必要となったパールヴァティー女神は、自らの垢で人の形を作ってそれに生命を吹き込んで息子として、見張りを命じた。母親に『沐浴のあいだ誰も通してはならない』と厳命された息子はシヴァ神が帰宅しても家に入れなかったために、戦いとなって首を切り落とされてしまった。息子の死を嘆き悲しんだパールヴァティーの様子を哀れんだシヴァ神が、家来に最初にやって来た生き物の首をとってくるように命じ、その首をつけて生き返らせた。これがガネーシャである。家来がもってきた首が象のものであったために、ガネーシャは象の頭をもつようになった」［長谷川 1987: 82］

しかしこの盛大な祭りは、本来は家庭内祭祀としてひっそり祝われるものであった。本稿では、家庭内祭祀として祝われていた祭礼が、公共の祭りとして広く受け入れられた過程を分析する。

2 家庭内祭祀としてのガネーシャ祭礼――豊穣と家族の安寧を祈る

ガネーシャ神の祭礼として知られているのは、「ガネーシャ・チャトゥルティー（ガネーシャ神の4日）」から「アナント・チャトゥルダシー（永遠の14日）」（ヒンドゥー太陰太陽暦第6月、バードラパダ白分の第4日から第14日まで＝グレゴリウス暦の8月下旬から9月中旬）❸に行われる祭りである。この祭礼はもともと、マハーラーシュトラ州全般において家庭内祭祀として各家庭で祝われるものであった。特に海岸地域のコンカン地方では、ガネーシャ神がクラ・デーヴァター（各家で信仰する神）である家庭が多いため、現在でも最も大切な家庭内祭祀として祝われている。

▲写真2　家庭内でのガネーシャ祭礼
祭礼中は家長がガネーシャ神の好物のモーダックを捧げ、礼拝を行う〈プネー〉

地域や出身ジャーティ❹によって異なるが、各家庭では、家長が粘土や石膏で作られたガネーシャ神の像に魂入れの儀式を行って、数日間（1日半、3日、5日、7日、10日）その像を飾り、客人をもてなすように供物を捧げ礼拝を行い（写真2）、共に過ごす。その後、魂を抜く儀

❸ヒンドゥー太陰太陽暦では、12回の月の満ち欠けと太陽の移動にもとづいた季節の変化とがほぼ対応するように、2、3年に一度閏月を設けて調整する。ヒンドゥー暦のひと月は、新月（朔）の翌日から満月（望）までと、満月の翌日から新月までの半月ずつに区分されている。すなわち、日没直後から月が夜空を照らす「白分」と、徐々に月の出が遅れ暗い夜になる「黒分」である。多くのヒンドゥー暦では新年がチャイトラ月（3月下旬から4月上旬）から始まるが、より正確にはチャイトラ月の白分の1日目が元旦となる［小磯 1999:179-180］。ガネーシャ祭礼が行われるバードラパダ月はヒンドゥー暦の6番目の月となる。

❹「生まれ」を意味するサブカースト。職業や地縁・血縁など経済的相互依存関係にもとづく集団・階層のことを指す。ちなみに西海岸のコンカン地方出身のコンカナスタ・バラモンは1日半、3日と短期間のみ祭祀を行い、それ以外のデーシャスタ・バラモンは5日、マラーターを初めとする他のジャーティでは10日間祭祀を行っている。

礼を行った神像を海や川、井戸などの水場に流して自然に返す(写真3、4)。水場に像を流す際には、別れを惜しんで目に涙を浮かべる人も多い。川や海にガネーシャ神の像が流されていくさまは、確かに胸に迫るものがある。水場に流したら、その場の土を一つかみ家庭に持ち帰って家の一角に置いておくと、その日から1年間ネズミの被害を免れると信じられている。これはガネーシャ神がネズミを乗りものとして制御しているためであろうとされている。

本来ヒンドゥーの神々の中で主要な位置を占めていなかったガネーシャ(ガナパティ)神は、シヴァ神の眷属などではなく魔神的護衛神であって、高い神格ではなかった[長谷川 1987: 78]とする見解もある。この神は様々な呼称をもっており、「群れの支配者」を意味するガナパティ、「象の頭を持つ者」の意味のガジャーナン、「障害の王」を意味するヴィクネシュヴァル、「障害を除去する者」の意味のヴィナーヤク、「めでたい・吉祥の姿」を表すマンガラムールティー、「孔雀の神」を意味するモーレシュヴァル、「片牙の者」を意味するエーカダンタなどがガネーシャ神を指す名前として知られる。これらの名前はこの神のもつ多面性を象徴しているといえよう。

ガネーシャ神の信仰が生じたのは、6世紀前後とみなされている。現在では、さまざまな性格をもつガネーシャ神は、とくに障害をもたらす神として恐れられると同時に、その障害を除去する神としても信仰を集めている。このように両義的な属性を有する神は曖昧な存在で、信者による儀礼を通してのみその曖昧さをコントロールできるといえる。人々は物事を開始するときには必ずこの神に礼拝して、成就を祈願す

▲写真3　ガネーシャ神を水場に返す前の儀礼〈コンカン地方のウェルネーシュワル〉

▲写真4　神像を流す様子〈プネー〉

▲写真５ ガネーシャ神の像〈中央〉とともに祀られているガウリー女神とその友人の像
ガウリー女神の神像の頭部は、豊穣を象徴する金色で表現されることが多い〈プネー〉

る。「シュリー・ガネーシャ(吉祥のガナ神)」とは、「物事を始める」という意味で使われる単語ともなっており、物事を成就するためにはガネーシャ神の祝福が不可欠と信じられている。加えて、ガネーシャがインドの二大叙事詩のひとつ『マハーバーラタ』を口述筆記したという言い伝えからか、学業・学問の神としても信仰を集めている。

また、ガネーシャ祭礼の２～３日目に、各家庭ではガネーシャ神の母・パールヴァティー女神の化身であるガウリー女神の礼拝も行われる。これもジャーティによって差はあるが、女神を象徴する石や、頭部だけのメタルの像、または手足のついた像などを飾って供物を捧げ(写真5)、３日目に水場に供物だけを流す儀礼を行う。

ガウリー女神は全身が黄色味を帯びている。一説によれば、この体の色は豊かに実った黄金色の麦を表すともいわれ、収穫神としても崇拝されてきた。ガウリー女神の儀礼は豊穣儀礼、収穫祭的色合いが強く、ガネーシャ神ももとは太陽崇拝と結びついた農耕神ではないかという地元の人の見解もある。実際に、ガネーシャ神やガウリー神の祭りが行われるバードラパダ月が、デカン高原の主要な夏作物であるトウジンビエやモロコシなどの刈入れの時期であることも示唆的である[小磯 1989：70]。家庭内祭祀としてのガネーシャ祭礼は、豊穣祈願とともに、障害を除去し家族の安寧を祈願するための祭礼として長年祝われてきたのである。

3 ガネーシャ祭礼の「公共化」――ヒンドゥーの結束強化を企図

イスラームの祭礼の様式を取り込んで誕生

家庭内祭祀として祝われていたガネーシャ祭礼が初めて公共祭礼となったのは、1893年のことである。その経緯について見ておきたい。

以下、N.C.Kelkarによって書かれたインドの民族運動推進者バール・ガンガー

▲写真６ イスラーム教のムハッラムの行進
旗が掲げられ、花が飾られているのがターブート〈プネー〉

▲写真７ ガネーシャとともに飾られたティラクの像
インド独立運動の指導者として尊敬を集める〈プネー〉

ダル・ティラク[5]の伝記から関連する事項を抜粋する。

> 「ガナパティ祭礼がプネーで公共祭礼として祝われるようになった1893年は、ボンベイで初のヒンドゥーとムスリムとの宗教対立に起因する暴動が起こった年である。その衝突はかつて例をみない規模であった。1893年8月11日にボンベイの中心部ハヌマーン・レーンのシヴァ寺院が攻撃されるという一大暴動が起こり、収拾するのに１か月を要した。およそ75人の死者と350人の負傷者が出て、最終的には1,200人が逮捕され、その結果数千人が市から逃れた。このような状況に影響を受けて、プネーのヒンドゥーとムスリムとの関係も不安定となってしまった」［Kelkar 1928: 332-339］。

このようなヒンドゥーとムスリムとの深刻な対立という緊張状況のもとで、ヒンドゥー教徒たちは結束を固めるために集まりをもった。その場で話し合いを重ねるなかで、当時ヒンドゥー教徒も参加していたイスラーム教徒の祭礼「ムハッラム[6]」（写真6）を参考にして、組織化された公共のガネーシャ祭礼を執り行うことが考案されたのである。ムハッラムでは、竹で骨組みを作って紙や金属片

---

[5] バール・ガンガーダル・ティラク（1856-1920）は、インドの民族運動推進者、教師、ジャーナリスト、社会改革者である。イギリスからの独立運動を推し進めた政治的指導者で、「スワラージ（インドにおけるインド人の自治）」、インド産業の発展奨励をスローガンとした「スワデーシー（外国商品ボイコット、自国品愛用）」を提唱したことで知られる。

[6] 預言者ムハンマドの孫であるイマーム・フサインの殉教記念日。イスラーム暦第１月の１日から10日まで祝われる。

で飾り立てたターブート（フサインの棺）がモスクの前に据えつけられ、人々はそこに花を捧げ、香を焚いて追悼する。アーシュラーと呼ばれる最終日には、ターブートを引いて鳴り物入りで練り歩いて水辺まで運び、飾りを取って棺を流す［小谷 1986: 188-191; Cashman 1975: 78］。

それまで各家庭で行われていたガネーシャ祭礼でも、家々に神の像を飾り、日々供物を捧げて礼拝したあと最終日に水場に像を流すなど、ムハッラムとは共通点が多くあった。そのため公共祭礼としてガネーシャ祭礼を組織する際に、大衆を動員する意図で神像を水場に運ぶための行進があえて採用されたという。

こうして行われた「公共のガネーシャ祭り（サルヴァジャニク・ガナパティ・ウトゥサヴ）❼」は、単にムスリムに対抗するためのものではなく、ヒンドゥー教徒内部の結束を固めることを目的としたものであった。ティラクらを中心に、バラモンと非バラモンとの溝を埋める手立てが模索された。その方法はバラモン主導で伝統的かつ文化的なものである必要性があったが、ガネーシャ（ガナパティ）祭礼はそのすべての条件を満たしていたといえる［Courtright 1985: 233］。そしてティラクたちは、この祭礼を執り行うことによって大衆の反英意識を高め、独立闘争へとつなげることをも意図していたのである（写真7）。

1894年には、祭りへの参加組織の増加にともなってガネーシャ神の仮設神殿の数が増えたため、ティラクを中心とする祭礼を推進する人々を招いて、神像を流すために水場に向かう行進の順番なども協議された。その結果、プネーの守り神であるカスバー・ガナパティ❽を先頭にする順番が決められた［Karandikar 1953: 9］。

1894年に公共のガネーシャ祭りが盛大に祝われると、ムスリムの指導者から「ムハッラムの行進の真似をして、ヒンドゥー教徒をムスリムと敵対させようと

---

❼サルヴァジャニク・ガナパティ・ウトゥサヴは直訳すると「みんなのガナパティ祭り」の意味となる。ここでは家庭内祭祀との対比として「公共のガネーシャ祭り」と訳した。

❽祭りで仮設神殿に祀られるガナパティ（ガネーシャ）神のうち、五つは「マーナーチ（名門）・ガナパティ」と呼ばれ、伝統と格式の高いガナパティとして知られる。一番目はプネーの村神で、マラーター王国の創始者シヴァージーの母ジジャーバーイーによって建立されたカスバー寺院によって祀られるカスバー・ガナパティ、二番目はシヴァージーの子孫によって建立されたジョゲーシュヴァリー女神の寺院によるジョゲーシュヴァリー・タンバージー・ガナパティ、三番目が身体鍛錬を目的としたジムによるグルジー・タリーム・ガナパティ、四番目が商店組合によるトゥルシーバーグ・ガナパティ、最後がティラクによって始められたケースリーワーラー・ガナパティである。人々の尊敬と崇拝を集めるマーナーチ・ガナパティは、現在の祭礼でも水場に向かう行進の先陣をきっている。その中でも、プネーの守り神とされるカスバー・ガナパティが常に先頭となる。

している」と抗議が起こる。実際に1894年の祭礼の間には、プネーで初めてヒンドゥーとムスリムとの間に死者を出すような衝突が発生した[Cashman 1975: 92-93]。

こうした問題は起こったものの、この公共祭礼はヒンドゥー教徒には歓迎され、年々盛大に祝われるようになる。公共のガネーシャ祭りの参加組織「サルヴァジャニク・ガネーシャ・マンダル❾」の数は、1894年には100を数え、1895年には130に、1900年には150と報告されている[Cashman 1975: 80]。1950年には307、1952年にはおよそ350、1994年にはプネーだけでおよそ3,000ものマンダルが認められた[Kaur 2003: 60]。

趣向を凝らしたプログラムと熱狂をもたらす行進

公共のガネーシャ祭りの形態も、家庭内祭祀と大差はない。マンダルごとに「マンダプ」と呼ばれる仮設神殿を設けてガナパティ神像を安置し、テーマにそった飾りつけを行う。神像が安置されている10日間、各マンダルは大衆を動員すべく、さまざまな文化プログラムを行う。毎夕のアールティー(神像の前で讃歌を歌いながら灯明を回す儀礼)に続いて、著名人の講演会や古典音楽コンサート、弁論大会、プラヴァチャン(聖典の解説)、キールタン❿、演劇、バジャン(神への讃歌)など、連日趣向を凝らした演目が企画されている。

1993年には、サルヴァジャニク・ガナパティ・ウトゥサヴ百周年記念事業の一環として、「プネー・フェスティヴァル」と銘打って観光産業とタイアップした文化事業も始まった。古典音楽や舞踊のリサイタル、地域のフォークダンスやタマーシャーと呼ばれる大衆芸能などが盛りこまれた一大文化プログラムが複数の会場で執り行われた。

最終日には、神像を水場に流すための行進が行われ、それが祭りのクライマックスとなっている。人々はガネーシャ神との別れを惜しむとともに、日ごろの鬱

❾マンダルは、マラーティー語で「組織」や「周辺地域」を意味する言葉である。サルヴァジャニク・ガナパティ・ウトゥサヴで用いられる「マンダル」という語は、「地域住民のグループ組織」の意味で人々に理解されている。つまり、ともに公共祭礼を祝う近隣住民の組織といえよう。前述のマーナーチ・ガナパティのうち、カスバー・ガナパティとジョゲーシュヴァリー・タンバージー・ガナパティを祀る二つのマンダルは公共の祭礼が開始された1893年に組織され、トゥルシーバーグのガナパティ・マンダルが1901年、残りの二つは1894年に組織された。

❿『プラーナ』(古譚)や聖者詩人たちの詩や讃歌を織り交ぜた講話で、宗教的知識や芸術的センスが求められる総合芸術といわれ、宗教的行事には欠かせないエンターテインメントとなっている。

▲**写真8〈上〉行進に不可欠な太鼓**
◀**写真9〈上右〉陶酔する参加者**
〈いずれもプネー〉

憤を晴らすかのように、鉦や太鼓[11]などの鳴り物入りで紅い粉にまみれて踊り、「ガナパティ（ガネーシャ）・バッパー・モーレヤー・プルチャー・ヴァルシャー・ラウカル・ヤー（ガナパティおじさん、孔雀の神様、来年も早く戻って来てね）」と大声で叫んで熱狂する（写真8、9）。

宗教を超えた実施組織と世相を反映する飾りつけ

既述のように、祭りはマンダルを基本組織として構成されている。居住地域によるつながりを中心とすることから、ジャーティや宗教さえも超えた[12]構成員を有するマンダルも多い。地域の繋がりが優先されるマンダルではあるが、一方で政治結社の下部組織的なマンダル、職場など地域と離れた組織もある。寺院の運営団体が母体となったものはマンダルの名前に寺院の名前がついている。

体を鍛えるジムが母体となったものも多く、それらは組織の名前に「ターリーム（*talim*＝身体鍛錬ジム）」がついている。職場や商工会、地域のマンダルには「ミッ

[11] 鉦や太鼓の音は、公共のガネーシャ祭りで神像を水場に流すために練り歩く行進「ヴィサルジャン」に不可欠の音である。この音を聞くと祭りを思い出し、ワクワクするというのがマハーラーシュトラの人々の共通見解である。祭りの始まる何か月も前から、各マンダルではヴィサルジャンの行進に備えて太鼓や鉦の練習を欠かさない。

[12] イスラーム教徒がマンダルの委員長を務めるラーム・ラヒーム・ミットラ・マンダルや、25年間ムスリムのイマーム（指導者）が代表を務めるグルヴァルヤ・ジャゴバダーダー・ヴァスタッド・ターリーム・マンダルがある。これらのマンダルの運営団体では、ヒンドゥー教徒とイスラーム教徒がともにムハッラムやガナパティ・ウトゥサヴを長年祝っている［Thite 2005: 19］。

◀写真10
公共祭礼のマンダプの飾り
親の命と修行の板挟みとなり、結婚式の場から出奔した聖者の有名なエピソードを再現している

トラ(*mittra*=友達)」、青年会などが中心となったマンダルには「タルヌ(*tarunu*=青年)」が冠されている。近年その数を増やしている女性だけで作るマンダルには「マヒラー(*mahila*=婦人)」がつき、子供会の場合は「バーラ(*bala*=子供)」がついている。マンダルの名前は、地域の名前よりも、歴史上の人物やマハーラーシュトラが生んだ偉大な聖者の名前などからとられる場合が多い。プネーの街娼たちが自主的に資金を集めて作るヴァイバヴ・ミットラ・マンダルは、社会的に虐げられてきた女性たちが団結して祭りに積極的に関わろうとする姿勢によって注目を集めている。

このほか、近年増加傾向にあるのは、宗教、宗派別のマンダル(例:ナヴァブッダ・タルヌ・マンダル、ヴィールシャイヴァ・リンガヤート・タルヌ・マンダル)、言語別や出身地域別のマンダル(例:グジャラティ・ミットラ・マンダル)、ジャーティ別のマンダル(例:バンジャラ・タルヌ・マンダル、マハーラーシュトラ・ジョーシー・サマージ・マンダル、バダーイー・サマージ・マンダル)である。プネーに他州から移住してきたコミュニティが、独自のマンダルを作ったり、新仏教徒やキリスト教徒で作るマンダルなども目立っている。これは「ガネーシャ=ガナ(人々・群れ)パティ(首長)」神が宗教やカーストを超えた平等の象徴として、新しい社会のエンブレムとして認識されている証であろう[Courtright 1988: 86]。一方で、近年議論の的ともなっているように、純粋に宗教儀礼を中心とした祭礼から娯楽性・祝祭性が前面に出てきた証でもあると考えられる。

マンダプの飾り(写真10)は各マンダルで協議して決定する。R.Kaurは厖大な資料を引用しながら、独立前後の公共祭礼について分析し、マンダルの飾りつけ、マンダルごとの文化プログラムなどに、反イギリス的なプロパガンダを盛り込んだものが目立ってゆく過程を詳述している。

簡単に要約すると、イギリスからの独立までは、マンダプの飾りつけも総じて戦闘的で、民衆を鼓舞するものが目立った。1920年代に入ると、幻燈などを使ってアピールする手法も見られ、民族主義の高揚を効果的に狙ったものが目立つようになる。「スワデーシー(国産品愛用)」が大衆に呼びかけられ、神話や叙事詩のエピソードを飾りつけのテーマとして取り上げた場合も、必ず言外に不当な統治をするイギリスとそれに苦しむインドというテーマを盛り込んでいた。文化プログラムの演劇では『ラーマーヤナ』で魔神ラーヴァナがシーター妃をさらってゆく場面などが取り上げられたが、そこにはラーヴァナとイギリス、シーター妃とインドを重ねあわせる意図が見えた[Kaur 2003: 2 chapter]。

実際に、現在のようにテレビなどの情報媒体がない当時、マンダプは大衆に直接アピールできる貴重な場であったといえる。それぞれのマンダルが趣向を凝らして、独自のアピールをこめる。時流を反映してその当時起こった事件や事故を取り上げたものや、神話の一場面を再現したもの、社会悪廃止などのプロパガンダ的要素をこめたものもあるが、たとえ仮設神殿の中央でなく片隅であっても、必ずガネーシャ神の像が飾られていた。

1983〜1987年にかけて筆者がプネーに滞在していたころのマンダプの飾りつけでは、機械仕掛けで動く人形や、電飾を多用した華美な装飾が目立った。1990年代には、急進的ヒンドゥー教徒によるアヨーディヤーでのバブリ・マスジット襲撃・破壊事件(1992年12月6日)などが起こり、公共のガネーシャ祭りの折も緊張感があった。1993年にはムンバイーで暴動や連続爆破事件が起こり、祭礼時の警察の規制がより強化されるようになるも、祭り自体は盛大に祝われた。

1998年に強行されたインドでの地下核実験、1999年のカールギル紛争など世界の注目を集める事件が起こると、すぐにマンダプの飾りつけのテーマに取り上げられていた。このころからメディアの影響力が目立ち始め、新聞や雑誌で特集が組まれ、マンダプをカラー写真で掲載し、飾りつけの見栄えと、テーマのメッセージ性を競うコンテストも行われるようになる。

最近では過度に華美な飾りつけと地味なものとに二極化する傾向がある。祭礼のために集めた寄付金をお金に困っている人々に分配するなど、社会貢献をアピールするマンダルも増えている。また、飾りつけはシンプルでも、神像に本物の金や高価な宝石類を用いた装飾品をつけるなどの本物志向も見受けられる。

2005年には、その年の7月に死者1,000人以上を出したムンバイー大洪水の影響で、祭りは自粛ムードとなった。プネーでの公共のガネーシャ祭りの期間中も連日大雨に見舞われ、町に繰り出す人々の数も例年に比べて少なく盛り上がりに欠けた。また、この年最高裁命令で、夜10時以降の騒音禁止令が公布され物議をかもしていた。祭りの飾りつけは夜に映える仕組みとなっているため、夜こそ盛り上がりをみせていた祭りが、10時以降の騒音禁止令のせいで、人々の間にはどこか白けた気分が広がっていた。

メディアの対応についても触れておく。1993年には、国営放送ドゥールダルシャンによる祭りのテレビ放映が開始され、1995年にはケーブルテレビが連日祭りの特集を放映し、ヴィサルジャンの行進の様子はライブ放映されるようになる。また1998年からは、祭りの様子がインターネットで配信されるようになった。近年、マンダプの飾りつけで著名なアーティストが生まれるなど、マンダプが新しい才能を大衆にアピールする場としても認識されるようになっている。

祭りの期間には、プネー近郊の村からも大勢の人々がやって来る⓭。人々はマンダプの豪華な飾りつけと、そこに祀られているガネーシャ神像を拝するために参集する。日中は幕が下ろされるマンダプが多く、人々が集まるのは夕方日が暮れて、電飾が映える時間帯である。プネー近郊の村から訪れる人々は簡易宿泊所に泊まる場合もあるが、その数も限られているため、大多数は夜通し各マンダプを回ってそのまま村に帰るという。

4 カーニバル化をめぐる対立を超えて

公共のガネーシャ祭りが開始された当初は、ヒンドゥー大衆の心を一つにしてイギリスからの独立を勝ち取るという共通の目的があった。しかし、その目的も達成されて70年が過ぎた現在では、祝祭・カーニバル的要素の強くなった祭りに対して、ヒンドゥー本来の祭礼ではないと批判する人々と、より華美により楽しもうとする人々とに二極化している。カーニバル化した祭りにつきものと

⓭ 公共移動手段であるバスについて、1991年の新聞によると「9月14日から20日までの7日間で240万人を近郊の村からプネーに運び、2,289,000ルピーの売り上げをあげた」と伝える記事がある[*Kesari* 1991.Sep.24.3]。

もいえる放恣な行動、みだらな行為、飲酒とそれに起因する喧嘩騒動、騒音問題などについては、毎年議論が絶えない。

そんな状況を企業家のA.アガシェーは「我々」と「彼ら」との対立という構図で示している。インテリや保守的ヒンドゥー教徒が「我々」を意識するときの「我々」とは常に正義であり、豊かで教養あふれ、趣味が良く、社会の主体であるという前提に立っている。問題を起こす「彼ら」は貧しく、教育程度も低い。祭礼の騒音や、飲酒、卑猥な踊りなどの風紀の乱れなど改善する必要があるのは「彼ら」で、「我々」とは無関係であると思い込んでおり、そうした「彼ら」のすることを批判する保守的ヒンドゥー教徒たちの言説が目につく。こうした見方からは建設的な解決は生まれない［*Maharashtra Herald* 2004. Sep. 15］。

かつて公共のガネーシャ祭り（サルヴァジャニク・ガナパティ・ウトゥサヴ）は、ヒンドゥー教徒の結束を強化し、反英意識を高め、イギリスからの独立闘争へと人々を導いた。独立後も祭りへの参加者は年々増加し、宗教の違いもジャーティの違いも超えて、大規模に人々が集い、安寧を祈り、楽しむ祭りへと発展した。近年では、新たな芸術的才能が生まれる場ともなっている。こうしたガネーシャ祭礼の歴史からは、祭りが人々を惹きつけ、対立を解消し、地域社会の安定に寄与する力が感じられる。これは世界のどの地域のどの祭りにも、共通して備わっている力ではないだろうか。こうした力を十全に発揮するために、今後は、各マンダルが自覚をもって、公共のガネーシャ祭りのあり方を自律的に模索してゆく必要に迫られているといえよう。

石川県の能登半島観光協会相談役である藤平朝雄は、祭りの奥義は「奉る」、「待つ」ではないかと指摘する。「大いなる神に灯明を『奉る』こと、また、ハレの日に向けて精進潔斎して『待つ』ことに、先人から受け継がれた深い知恵をみる。待つことでエネルギーを蓄え、年に一度の祭りの日にそれを爆発させれば、否応にも祭りは熱気を帯び、地元で働く者、都会に出た者、すべての者が祭りを通じて一体となる」というのである[14]。また、こうした祭りの熱気に共鳴したとき、観衆も祭りの貴重な構成要素となるとも指摘する。

この指摘はガネーシャ祭礼にも当てはまる。儀礼に重点をおく家庭内祭祀と

---

[14] 日本遺産「灯り舞う半島 能登～熱狂のキリコ祭り～」活性化協議会Webサイトより〈http://www.hot-ishikawa.jp/kiriko/jp/sp01.php（2017年12月15日閲覧）〉

してのガネーシャ祭礼と、意図的に作られた、集団が結束する場としての公共祭礼は補完的に祭りの本来のありかたを体現している。内と外のガネーシャ祭礼を比較分析することによって、祭りのもつ普遍的な力がより浮き彫りにされる。

参考・参照文献

Cashman, R. (1975) *The Myth of the 'Lokmanya': Tilak and Mass Politics in Maharashtra*. University of California Press.

Courtright, P. B. (1985) *Ganesa—Lord of Obstacles, Lord of Beginnings*. OUP.

———— (1988) "The Ganesh Festival in Maharashtra: Some Observations." in E. Zelliot and M. Berntsen (eds.), *The Experience of Hinduism—Essays on Religion in Maharashtra*. State Univ. of New York Press.

Karandikar, J. S .(ed.) (1953) *Shriganeshotsavanci saath varshe*. Tirak-mahotsav mandal.

Kaur, R. (2003) *Performative Politics and the Cultures of Hinduism: Public Uses of Religion in Western India*. Permanent Black.

Kelkar, N. C. (1928) *Lokmanya Tilakanche charitra Uttardha*, 2 vols. Datta Prakashan.

Maharashtra Herald 2004. Sep.15

Kesari 1991. Sep. 24. 3

Thite, D. (2005) "From Distrust to Reconciliation—The Making of the Ganesh Utsav in Maharashtra." *Manush*, No.139, pp.19-25.

小磯学(1989)「ガネーシャ・チャトゥルティー」『コッラニ(インドお祭り特集)』13号 pp.64-73。

———(1999)「吉の『とき』・凶の『とき』——インドの暦と年中行事」佐藤次高、福井憲彦編『ときの地域史(地域の世界史6)』東京：山川出版社、pp.166-205。

小谷汪之(1986)『大地の子(ブーミ・プトラ)——インドの近代化における抵抗と背理』東京：東京大学出版会。

長谷川明(1987)『インド神話入門』東京：新潮社。

長谷川明(2002)『歓喜天とガネーシャ神』東京：青弓社。

「百万石まつり」の祭神にみる加賀藩意識

藩祖利家の神格化と維新後の再生

本康 宏史

1「加賀百万石」イメージの中核をなす祭り

金沢は、しばしば「加賀百万石の城下町」と呼ばれるように、藩政期の遺産を誇り、「伝統的文化都市」のイメージを現代にまで伝える地方都市である。この「百万石」イメージを強調し、補強するイベントが、毎年６月上旬に金沢市内で開催される「金沢百万石まつり❶」（写真１、２）である（以下「百万石まつり」と略す）。

京都や博多、長崎のように、地域の崇敬を集める大きな神社の祭礼がない金沢にとって「百万石まつり」は、いわば金沢市民の町をあげての一大イベントである。実際に、市内の小・中学校は休校（現在は６月第１週の週末に開催）となり、行事の一環である提灯行列や各種の催しに、町会（町内会）ごとに参加している。近年では、呼び物の「百万石行列」にタレントを起用したり、ルートや実施時間に工夫を凝らしたりして、市民・観光客の動員も数十万人を数えている。こうした点から「百万石まつり」は、現代における金沢の「百万石イメージ」の大きな核をなすものといえよう。

本稿では、この「百万石まつり」を素材として、藩政期の「記憶」が近代社会の形成過程でどのような意味をもち、どのような役割を果たしたのか、「百万石まつり」の前身である「封国祭」ならびに「金沢市祭」の在り方から考察してみたい。つまり「加賀百万石」前田家の「記憶」がどのように形成され、そのイメージが地域の「歴史認識」を形づくっていったのかを、「祭り」の拠点である「尾山神社」の系譜ならびにその「祭神」の性格から、比較文化史的に検証する。

2「百万石まつり」を生んだ二つの起源とその変遷

第１回の「百万石まつり」は、第二次世界大戦後の1952（昭和27）年に開催された。当初は金沢の発展・地域振興を祈願した「商工まつり」としてスタートしたが、その後しだいに「藩祖」前田利家の金沢入城をなぞった百万石行列パレードをメイン・イベントとする、大規模な観光行事として定着していく。その際には、「藩祖」利家を祀る「尾山神社」が、そのシンボルとして大きな役割を果たした。

---

❶ 現在の主催者は、金沢市と金沢商工会議所によって構成される「金沢百万石まつり」実行委員会である。

▲写真１「百万石まつり」の武者行列
矢を防ぐための「母衣（ほろ）」を身に着けた精鋭の武士「赤母衣衆」を模した行列

▲写真２「百万石まつり」の入城祝祭
石川県の無形民俗文化財にも指定されている「加賀とびはしご登り」も披露される

そもそも「百万石まつり」のルーツは、尾山神社の「封国祭」にある。「封国祭」は、6月14日の前田利家の金沢城入城を記念して、1877（明治10）年から開催されてきたものである❷。祭主は尾山神社の宮司が務めていたが、1923（大正12）年からは金沢市長を祭主に、「金沢市祭」として奉祝されることになる。当時は、祭主である金沢市長の祭文奉読と参列者による玉串奉納の祭式ののち、花火、能楽、四廓町（東・西・北廓、主計町）の手踊り、二輪加❸、相撲、自転車競走、大名行列などの盛大な余興が市内各所で繰り広げられた。昼には小学生の女児による1万人の旗行列、夜には男児5,000人の提灯行列も実施され、尾山神社神門にはイルミネーションが灯されたという［金沢市史編さん委員会編 2006: 317-318］。

---

❷百万石まつりの公式Webサイトやその出典とされる『尾山神社誌』などによれば、前田利家が金沢城に入ったのは、新暦の6月14日とされる［北村 1973］。しかし、『新修七尾市史 武士編』の解説には、「利家が初めて金沢城に入ったのが、4月27日（新暦6月16日）とみられる」とされ［七尾市史編さん専門委員会 2001: 74］、従来「利家の金沢城接収が4月25日（新暦6月14日）と誤解される一因となった文書」として、毛利家文書所収「（天正十一年）五月十五日羽柴秀吉書状」をあげている［同前: 71-73］。この間の経緯を整理すると、1583（天正11）年、（「賤ケ岳の戦い」とこれに続く小松城落城後の）4月26日、利家軍が金沢の宮腰（現在の金石）に進出。尾山城（現在の金沢城）の守備隊であった佐久間盛政軍が利家の到着を知り、翌27日に開城。翌28日には秀吉が尾山城に入城して加賀の平定が終結した（「利家年譜」）、となる［図説前田利家編纂委員会 1999: 132］。

❸即興芝居、俄狂言のこと。

「金沢市祭」は、太平洋戦争末期の1945（昭和20）年まで続けられた[4]。終戦後の1946年から1951年までは、進駐軍の指導で政教分離を背景に神社祭礼に市が関われなくなり、「尾山まつり」として尾山神社奉賛会によって開催された。一方、1947（昭和22）年からは広告パレードを中心とした「金沢商工まつり」が始まり、1952（昭和27）年には全市的な行事として「百万石まつり」に発展する。この「百万石まつり」が1958（昭和33）年に「尾山まつり」を併合して、現在の形になるのである。

3 維新以後の沈滞を破った二大事業と前田家顕彰

藩祖利家を祀る尾山神社は、1873（明治6）年に創建された。これは、もともと藩政期には卯辰山山麓の宇多須神社に奉祠してあった社殿が甚だしく荒廃したため、1873年11月に現在の尾山町に本殿を新築したものである（写真3）［北村 1973］。この尾山神社の創建は、金沢の人々にとって「藩祖の記憶」を鮮明にする大きな契機となった。

尾山神社創建の背景には、維新以降の金沢の社会が、簡単にいえば衰退の一途をたどったという現実がある。維新直後の1871（明治4）年に12万3,453人あった都市人口は、1889（明治22）年の市制施行時には約94,000人となり、この傾向は20世紀直前まで続いて1897（明治30）年には約85,000人まで落ちていく[5]。武家地を中心に空き家がめだち、塀だけ残して更地や畑に変わった屋敷も多かったという。すなわち、維新以降「加賀百万石」の経済力は失われ、金沢は慢性的な沈滞状況にあった。

▲写真3　尾山神社神門
神門は1875年に完成。和洋混淆のデザインが特徴で国の重要文化財に指定されている

---

[4]［北村 1973］には、尾山神社側が「封国祭」と「市祭」が一致しないようにしたことが記されている。GHQの神道指令によって、自治体等による宗教、とくに国家神道との「政教分離」が図られたことが背景にある。

[5]［石川県立図書館［編］1972: 119］。

ところが、明治30年代前半に至ると、金沢の市勢は一転上昇に向かう。人口も、1897（明治30）年の８万人台から1907（明治40）年には10万人台に増加、以後も順調に増え続けた。この背景には日清戦争後の全国的な好況もあったが、金沢にあって劇的な情勢転換を可能にしたのは、1898（明治31）年の陸軍第九師団の誘致と、これを前提とした北陸線の敷設という二つの大事業への着手であった。それ以後、20世紀初頭の金沢の隆盛は地場産業である絹織物業の成長が大きく支えることになるが、直接的にはこの二つの事業が「金沢復活」の「誘い水」であったといえよう。

発展の途についたこの時期の金沢では、前田家・加賀藩に関連した出来事もめだつ。例えば、「藩祖三百年祭」が、1899（明治32）年４月に（旧暦の利家の命日、閏３月３日に合わせて）開催されている。これは1898年、旧加賀藩八家（藩老）の発起により企画されたもので、４月27日から５月３日までの７日間、尾山神社を中心に盛大に挙行された。メイン・イベントの神輿の渡御行列は５月１日から行われ、１日は犀川口、２日は浅野川口を渡った。余興として能楽、弓術、相撲、競馬、花火なども連日催され、各町内では前田家の家紋である梅鉢をあしらった幕を張り、長提灯を吊して祭りを祝った。さらに各町内から剣舞、祇園囃、屋台、獅子など工夫を凝らした出し物が催され、市内は多くの人出で賑わったという。いわば近代における町をあげての祭りといえ、「百万石まつり」のもう一つのルーツといえよう。

このほかに前田家・尾山神社関係の祭典として、「前田慶寧公贈位慶賀祭」（1893年）、「尾山神社別格官幣社昇格慶賀祭」（1902年）などがつづく。後者は、同社が「別格官幣社」に叙されたことを祝うイベントである。1902年の７月３日には、地元の数度にわたる請願を経て、社格昇進の奉告式が継嗣の前田利為侯列席のもと挙行された。その際の勅使は石川県知事の村上義雄が務め、前田侯爵家からも１万７千円という巨額の寄付を得たという。その後も、1909（明治42）年９月には、皇太子（のちの大正天皇）行啓を奉迎するとともに、三代利常、五代綱紀への従三位贈位を果たしている［上森 1896; 菊池 2002］。

このように明治後期には、1891（明治24）年の「金沢開始三百年祭[6]」、「藩祖三百

---

[6] 前田利家による金沢城修築（1592、天正20年）より300年目であったことを記念して、初代金沢市長稲垣義方らが「金沢城修築三百年祭」を行うことを提案し、同年10月11日～15日に行われたもの。13日には神輿の渡御が、かつての前田家の陣立て（行軍行列）を模して行われた。

年祭」、「尾山神社別格官幣社昇格運動」など、前田家がらみの大事業が続いた。もちろん、これらのイベントは、直接的には「藩祖の時代」(＝戦国時代〜江戸初期)から300年の節目を経たことを契機としているが、その背景には明らかに、当時の社会状況とこれに規定された社会意識があったと考えられる。というのも、こうした事業は、日清・日露戦争を経験した地方の活力振興と新たな国民統合の必要性の一方、維新から一定の年代が経る中で、旧藩時代への旧懐の念が高まったものであった。金沢にあっては、とくに明治前期の経済的な沈滞、衰退に対抗して、具体的には「陸軍第九師団の誘致」、「北陸線の開通」を契機とした反転があり、同時期に重なる藩祖利家の顕彰運動、すなわち「百万石」プライドの「復活」を金沢市民が受け入れたということではなかっただろうか。

ただし、金沢・前田家に関する新たな「伝統」の創設・浸透については、その一連のイベントの数や集中から考えて、明治期を通じてほぼ一貫した意図を指摘することも可能であろう。とりわけ、こうした「旧藩の記憶」は、絵画・彫刻(図像)や建造物・記念碑の建立、記念祭・慰霊祭などのイベントによって示され、「記憶」された物語は、金沢市民に鮮明なインパクトを与えたものといえよう。

4 金沢の八幡信仰──密祀された軍神としての利家

そもそも城下町金沢には、地域の「総社」と呼べる神社はなく、城下民衆あげての(例えば京都の祇園祭や博多の祇園山笠、さらには現在の金沢の「百万石まつり」のような)町を代表する祭礼は存在しなかった。その代わり神官(吉田神道系)が守護する五つの神社(卯辰八幡宮、小坂神社、神明宮、椿原天満宮、安江八幡宮)を定めて「金沢五社」と総称し、この拠点神社が各地域の住民の信仰・生活の基盤となっていた(その他の社祠については、概ね社僧・別当が奉仕していた)。ちなみに、明治以降は五社ともに近代の社格制度では県社に列格されている[日置 1932; 和田 1973]。この背景には、一向一揆を打ち破って前田利家が入部したという歴史的事情と、その後の徹底的な宗教弾圧政策があるといわれる。主な真宗寺院は金沢城下から加賀・能登の遠方に移転され、このため金沢城下の寺院には宗門人別改帳の残存がきわめて少ないという。

加賀藩前田家では、とくに武神である八幡社信仰に重きをおいて、金沢五社のうち卯辰八幡宮と安江八幡宮を崇敬し、なかでも卯辰八幡宮は別格の扱いだった。このことは、1649（慶安2）年3月、卯辰八幡宮の神主である厚見紀伊守が、五社筆頭・触頭として支配下の五社の社地について「金沢五社々地之由来」という書上げ（藩への報告申請書類）を行っていることでもわかる［森田 1933: 24］。この書上げは、1648（慶安元）年から1649年にかけて神社の拝領地改めが実施されたことが背景となっているという［大桑 1975］。

また、社殿等の修繕には藩が奉行を特命して工事を行わせ、御道具類の修理に至るまで行き届いた配慮が行われた。すなわち、卯辰八幡宮の保全維持に対しては藩自体がこれに当たり、きわめて藩主家の崇敬が厚かったことを物語っている［森田 1933: 468］。

また金沢の八幡信仰は、武家にとっての「軍神」という性格に加え、前田家の繁栄＝産育信仰と結びついた点に特色がある。すなわち、武家の世継ぎ誕生や生育祈願の崇敬対象と位置づけられ、とくに藩主前田家の厚い庇護を受けたのである。その過程で、応神天皇の誕生神話に由来する郷土玩具「加賀八幡起上り」（写真4）も生まれたとされる。まずは正月の景物、さらには誕生・婚礼祈願、病気見舞い、いわば育成と多幸を象徴する贈答・土産品として民衆にも親しまれ受け継がれてきたものといえよう。

卯辰八幡宮は、越中射水郡の守山山麓の東海老坂村にあった榊葉神明宮に併祀されていた八幡神を、1599（慶長4）年12月に卯辰山麓の八幡町に遷座せしめたものという。社伝によれば、歴代加賀藩主の崇敬がとくに厚く、寺院系の卯辰観音院❼と双璧をなす存在だった［北村 1973］。なお、現在、東山卯辰山麓に鎮座する宇多須神社は通称「毘沙門さん」と呼ばれ、718（養老2）年、卯辰多

▲写真4　加賀八幡起上り
八幡大神（応神天皇）の誕生時の産着姿をなぞらえたもので、子どもたちの健康や多幸を願う縁起物

❼長谷山観音院。高野山真言宗の寺院。卯辰山入口にあり、前田家の安産祈願・御宮参りの寺として知られた。現在も「四万六千日」の祭礼（1日の参詣で4万6,000日分の功徳を得る）で市民に親しまれている。

聞天社として創建されたものとされる。本来は卯辰八幡宮とは祭神も異なる別社[8]（ただし、境内は隣接していた）である点はおさえておきたい。

いずれにせよ、前田家の卯辰八幡宮崇敬はきわめて深く、「御祈祷所」として常時勤行につとめたほか、藩主夫人の安産祈願、「御子様方」の宮参りも盛んであった。「御湯立」という神事の折には藩主が参拝し、その警固に藩士10人が当たったという。

▲写真５ 宇多須神社
東茶屋街の近くに位置する。とくに節分祭が有名で、振る舞い酒や芸妓衆による豆まきや踊りの奉納も行われ、多くの参拝者が訪れる

徳川幕府の施政下で、このように一見奇異な形で卯辰八幡宮が存在したことについて、尾山神社元宮司の鏑木勢岐は、以下のように記している。「慶長４年（1599）前田利家の没後、長子利長を始め子弟らは利家の霊を神として祀ろうとしたが、はばかる所があって直ちに神社を建てることが出来なかった。そこで天正中、利長が越中国の守山城にいた頃崇敬していた同地海老坂烏帽子峰に鎮座の物部八幡社を遷座すると称して卯辰山麓に社殿を建てて、実際は利家の霊を祀り、なお越中国阿尾の榊葉神明を合祀して卯辰八幡宮と称した。（略）慶安４年（1651）三代藩主利常はさらに前令を厳しくした。それより以後、（略）毎年３月に例祭を行い、（利家の命日の）３月に閏のある年は特に鄭重な祭典を執行した」［北村 1973：56-57］。すなわち、卯辰八幡宮は藩祖利家をいわば「隠れ祭神」（密祀）としていたのである。

こうしたことから卯辰八幡宮の祭神（利家）は、豊国神社（秀吉）や東照宮（家康）と

---

[8] 宇多須神社は、718（養老２）年に多聞天社と称して創建。祭神は、高皇産霊神ほか。1869（明治２）年に高皇産霊社、1872（同５）年に卯辰社、1900（同33）年に現在の宇多須神社と改め、1902（同35）年に県社に昇格された。卯辰八幡宮とは由緒・来歴を異にするが、境内が併存していたこともあって、しばしば一体のものとして認識されることが少なくない。なお、前掲『尾山神社誌』に掲載される成巽閣所蔵の卯辰社地等の絵図には、「八幡社」（卯辰八幡宮）を真ん中に、南側に「神明社」、矢根川を挟み区画を隔てて北側に「卯辰社」（宇多須神社）が描かれている［北村 1973：59］。

同じ扱い(思惑)で崇敬されたものといえよう。ここで強調したい点は、卯辰八幡宮自体も、安江八幡宮も五社筆頭神官の厚見家が所管する神社であり、安江八幡宮が「八幡神」たる応神天皇を祀っているのに対し、卯辰八幡宮では利家を隠れ祭神(密祀)としている点である。金沢では、卯辰八幡宮の「八幡神」に仮託して、藩祖前田利家を神格化し「軍神」として崇敬していたのである。金沢城からみて東北に祀られた卯辰八幡宮は、城下の鬼門封じでもあり、いわば守護神的な存在であったといえよう[9]。あるいは、八幡社の祭神「八幡大菩薩」と軍神「前田利家」のイメージが混合したものとも思われる。

このような経緯が、維新後の1873(明治6)年に尾山神社が創建される前提となったのである。同神社は、衰退する金沢振興を目的に旧藩士を中心に計画されたとされるが、一方で、藩政期以来の念願であった藩祖利家の祖廟の創設の意図も込められていた。「裏祭神」としての藩祖崇拝(卯辰八幡宮)の顕在化が、創建神社(尾山神社)の建立として実現したものといえよう[10]。すなわち、尾山神社の創建は1873(明治6)年ではあるが、その起源は1599(慶長4)年に遡るのである。

こうした歴史的背景のなかで、卯辰八幡宮遷座の論議は進められた。その際、遷座運動の中心は旧藩武士層であった。当時、版籍を奉還したものの、一四代藩主の前田慶寧は、いまだ金沢に居住し、藩知事の地位にあった。300年間にわたり家禄を与えられ、生活を保障されていた武士層にとっては、当時なお前田家は「藩主」であり、感謝の念は持続されていた。そうした時期だからこそ尾山神社遷座の議は持ち上がったのである。

5 金沢をあげての祭りとしての「盆正月」

ところで、比較文化史的視点からみると、この「封国祭」や「金沢市祭」のルーツは、藩政期から行われていた「盆正月」にも遡り得る。「盆正月」とは、いわば

---

[9] 『卯辰八幡宮文書』や『国事雑抄』には、しばしば「鬼門卯辰山麓」の卯辰八幡宮として記載が現れており［北村 1973: 57-58］、例えば、金沢工業大学・金沢歴史都市建築研究所のWebサイトの「卯辰山麓寺院群(重要伝統的建造物群保存地区)」の解説にも、「藩祖前田利家が西暦1599年に亡くなった際に、麓に鬼門封じの卯辰八幡宮を建立して奉り」(文責：増田達男)と紹介されている。

[10] その後、卯辰山麓には宇多須神社のみとなり、1937(昭和12)年6月、再び物部八幡及び榊葉神社を尾山神社に復して相殿としたという［日置 1973: 723］。

「金沢総町の祭り」で、各町内が出し物を競い合い、城下の民衆が総出で楽しんだものである。ただし、この祭事は藩主の慶事に際して不定期的に開催されたもので、幕末維新期には、前田慶寧の家督相続や賞典録授与を祝って行われた。ちなみに、記録によれば、盆正月の初出は1723(享保8)年とされ、1869(明治2)年まで都合44回行われたという[日置 1973]。

そもそもこの習慣の原型は、五代前田綱紀の頃から、藩主交替時の襲封、藩主の入部、昇官、世嗣誕生の折に、城下の民がこぞって祝意を表したものであったとされ、文字通り「盆」と「正月」とが一緒に来たという華やかさを象徴的に表現したものであった。数年に1度のこのイベントでは、各町内はさまざまな趣向を凝らした作り物、獅子舞、祇園囃子、手踊り、謡などを披露し、提灯や行灯などを飾り付けた山車も登場している。これらは、藩主が見物する、城内の「物見」と呼ばれたところの下(三の丸か)まで引き出されて演じられたという。各町会から繰り出された出し物として、1845(弘化2)年、一四代藩主前田慶寧が入部した際には、「安江町住吉、泉町金沢八景、材木町神功皇后(傍点引用者)、法船寺町万歳、小立野西王母、野町高砂、青草辻夷大黒、六斗口出世鯉、高儀町宝船など」が記録されている[小林 2015]。

既述のとおり、金沢城下では、前田氏入部の事情から寺社の整理が徹底され、民衆の宗教活動を取り締まってきた。神社も五社のみを藩公認とし、神輿渡御などの祭礼行事は一切許されず、ゆえに城下には各社の縁日のみが多く、城下町金沢をあげての祭礼はなかった。これに代わる行事が「盆正月」であり、それは現代の「百万石まつり」のルーツの一つといってよい。

6 明治・大正期における百万石イメージの再生と強化

明治維新後、卯辰八幡宮の「隠れ祭神」藩祖利家は、創建された尾山神社の祭神として再生する。同社は「百万石の記憶」を再生産する拠点として、いわば「金沢の総社」に位置づけられた。これと並行して、藩祖利家を顕彰する「封国祭」が始まり、明治20〜30年代の「金沢開始三百年祭」(利家入城)、「藩祖三百年祭」(利家没)、「尾山神社別格官幣社昇格運動」(利家神格の上昇)など、前田家がらみの大事業を経て、「封国祭」も1923(大正12)年からは金沢市長を祭主とした「金沢市祭」として

▲写真6　尾山神社境内の前田利家公像
母衣を着け槍を持ち、馬に乗った姿は、「槍の又左」として鳴らした「藩祖利家」の青年期のイメージを想起させる

奉祝されることになる。この間の事情は山本吉次の論考に詳しいが、山本によれば、市祭への転換は「市民」意識の涵養を目途とされたものの、むしろ市民の「百万石」意識は払拭されなかったという［山本 2014: 253］。

戦後の「百万石まつり」は、この「金沢市祭」が、占領下の「商工まつり」を経て再興されたものと位置づけられる。こうした「総社の祭り」の変遷のなかで、「祭神」としての前田利家は、明治維新後、卯辰八幡宮の八幡神（「隠れ祭神」）から尾山神社の祭神として顕彰され、「藩祖」としてのイベントを重ねつつ、しだいに金沢市民の「百万石の記憶」として形成・強化されていく。その結果、「封国祭」は「金沢市祭」として例年盛大に開催されることになるのである。そのようすは、あたかも藩主の慶賀を城下の民衆が「総社の祭り」として祝った「盆正月」の祭事のようであった。これが戦後に復活した「総社の祭り」、つまり「百万石まつり」のルーツである。山本も指摘するように、そこでは「金沢市民」としての意識が涵養されるというよりは、むしろ「『百万石』の記憶を共有する民衆」としての意識が強化された。そしてその意識は翻って、藩政期の記憶、つまり歴史認識を美化する方向に働いたと思われる。

このように、金沢における「藩祖利家」と尾山神社の顕彰、これにもとづく「百万石イメージ」の再生は、実は明治・大正期を中心に精力的に試みられたのであった。そして、この努力は昭和戦前期にいたるまで基本的には継承されてきた。さらに、社会のしくみも国民の意識も180度変化したとされる戦後、あるいは現在にあっても、この方向はそれほど変わっていないのではなかろうか。こうして祭りを出発点に歴史を紐解き比較することで、その地域に暮らす人々の現代につながる社会意識がみえてくるのである。

参考・参照文献

石川県立図書館［編］(1972)『石川県史料 第２巻「政治部」』金沢：石川県立図書館。

大桑斉(1975)「加賀藩の寺社改め」金沢大学法文学部内日本海文化研究室［編］『加越能寺社由来 下巻』、金沢：石川県図書館協会、pp.659－711。

金沢市史編さん委員会［編］(2006)『金沢市史 通史編３ 近代』金沢：金沢市。

上森捨次郎編(1896)『金沢開始三百年祭記事』金沢：私家版。

菊池紳一(2002)「近代における利家像」『図説前田利家──前田育徳会の史料にみる』東京：新人物往来社、pp.334－357。

北村魚泡洞(1973)『尾山神社誌』金沢：尾山神社々務所。

小林忠雄(2015)「町人の生活文化」石川県教育委員会事務局文化財課世界遺産推進室／金沢市都市政策局歴史文化部文化財保護課［編］『城下町金沢論集──城下町金沢の文化遺産群と文化的景観 第２分冊』金沢：石川県、pp.157－175。

高木博志(2005)「『郷土愛』と『愛国心』をつなぐもの──近代における『旧藩』の顕彰」『歴史評論』659号、東京：校倉書房、pp.2－18。

図説前田利家編纂委員会［編］(1999)『図説前田利家』金沢：尾山神社。

日置謙(1932)『金沢小観』金沢：東京文学書院出張所。

───［編］(1973)『改訂増補 加能郷土辞彙』金沢：北国新聞社。

七尾市史編さん専門委員会［編］(2001)『新修七尾市史 武士編』七尾：七尾市役所。

本康宏史(2006)「『加賀百万石』の記憶──前田家の表象と地域の近代」『日本史研究』525号、京都：日本史研究会、pp.52－76。

────(2013)「『城下町金沢』の記憶──創出された『藩政期の景観』をめぐって」高木博志［編］『近代日本の歴史都市──古都と城下町』京都：思文閣出版、pp.387－411。

森田柿園、日置謙校訂(1933)『国事雑抄』上中下(石川県図書館叢書)金沢：石川県図書館協会。

山本吉次(2014)「『大金沢論』と『市民』意識の涵養──第一回金沢市祭の政治的背景」地方史研究協議会編著『〝伝統〞の礎──加賀・能登・金沢の地域史』東京：雄山閣、pp.237－257。

和田文次郎(1973)『稿本金沢市史　風俗編』(復刻版)金沢：金沢市。

座談会
Ⅲ

祭りと
地域アイデンティティの行方

コミュニティを維持する知恵と思想

●参加者●
大森重宜／小磯千尋／小西賢吾／アヒム・バイヤー／
本康宏史／山田孝子／ジェームス・ロバーソン

少子高齢化や過疎化の進行、社会関係の希薄化・流動化によって
地域コミュニティ崩壊の危機が指摘されています。
地域アイデンティティをいかに育み、維持し、強化するか。
祭りが本来もっている「地域をまとめる力」に着目し、学ぶことから
コミュニティ維持・再生のヒントがみえてきます

本康宏史●青柏祭がゴールデンウィークに行われるかたちで固定されたのはいつからでしたか。

大森重宜●平成２年からですね。本来は旧暦[1] ４月の申の日、つまり20日前後に行っていたのですが、明治時代に入って新暦[2] が採用されてから、毎年違う日にはしづらいという理由で５月13日から15日に行うことに決まりました。平成になって10日早めて、ゴールデンウィーク期間中の５月３日から５日に行うことにしたのですが、これについては「伝統を変えてしまうなんて」とよくお叱りを受けました。しかし伝統を重んじるといっても、明治時代にはすでに本来の姿から変えてしまっていたわけです。

近代化による祭りの変容・衰退を超えて――観光化と新たな担い手の獲得

小西賢吾●戦後における祭りの大きな変容の一つとして、車社会になったことによる交通規制の問題や、参加者や観光客の都合などを考慮して、日程の固定や衣装の統一など、ある種の画一化がみられるように思います。青柏祭の場合は、山車の通る順番が固定されたり、バラバラだった衣装が統一されたりといったことがありましたか。

新生活運動による習俗の破壊と祭りの危機

大森●かつて祭りに関わる町衆はみんな羽織袴で、若い衆は作業着の延長のような衣装に袢纏を着ていました。ところが、戦後の混乱期から高度経済成長期に入ると、衣装については一時ひどい状態になった時代がありました。これは現在の日本の祭りを考えるうえで押

1) 1872（明治５）年に太陽暦が採用される前に用いられていた太陰太陽暦のこと。月の満ち欠けを基準として日数を区切り、１か月を29日あるいは30日として１か年を12か月とする太陰暦と、地球が太陽の周囲を１公転する時間を１年とする太陽暦とを折衷した暦。両者の調節のため、19年に７度の割合で閏月を設ける。現代でも小正月や旧盆など、旧暦の名残の行事もみられる。

2) 現行の太陽暦を指す。明治維新後に採用したところからそれ以前の太陰太陽暦を旧暦と呼ぶのに対して使われるようになった通称。

さえておかなくてはいけない観点だと思っていますが、昭和30年から40年代ごろに「新生活運動」という取り組みが盛んになります。これはもともと敗戦後の日本において、「勤労を尊び、民主的・平和的な文化国家」を建設するために、政府が中心となって「合理的・民主的な生活慣習の確立」をめざそうと始まった運動です。

この「新生活運動」では「社会生活環境と習俗の刷新」が謳われます。そこには「迷信、因習の打破」や「冠婚葬祭の簡素化」などの項目が含まれていました。いわゆる儀礼的な慣習をやめよう、葬儀でさえ簡単にしようという話です。この時代には青柏祭でも、衣装はいわゆるジャージのようなものでもいいとされ、さらには「祭りになんて参加しない」という意識も拡がってしまいました。こうした動きによって行われなくなったり、イベント化したりしてしまった祭りがたくさんある。この時代に日本各地の祭りが大きく変容し、衰退してしまったと私は考えています。

青柏祭では、人手がなくて「でか山」の巡行が難しくなったとき、トラックで引っ張ったことすらあります。最後にはトラックが故障して、みんなが「罰が当たったんだ」と噂した。(笑) いまから思えば漫画みたいな話ですが、戦後から現代に至るまでの過程では、そんな危機的な時代もありました。

外部の視点が生み出す伝統・神聖・文化

ジェームス・ロバーソン●青柏祭は2016年に全国33の「山・鉾・屋台行事」の一つとしてユネスコの無形文化遺産に登録されて、いまでは能登地域の観光の目玉の一つになっていますね。観光資源化や世界遺産化によって、祭りが変わってきた部分はありますか。

大森●私が宮司になってから変えたことが一つだけあります。「青柏祭本儀」という神事を行う時間を少し早めました。5月4日の正午過ぎに、三つの「でか山」が大地主神社の前に勢揃いします。以前は、その山車が町内に向かって動き出してから神事を行っていて、ここに神事と巡行行事との齟齬がありました。「でか山」を動かす町衆が、神事をあまり重要視していない部分があったわけです。

◀写真1
青柏祭での神事
各町へ幣束の伝達
依代である幣束が各町に授けられる。幣束はそれぞれの「でか山」に立てられ、そこに神霊を招いて巡行が行われる。詳細については141ページからの大森重宜による論考を参照

この状態を改善するために、3台の「でか山」が神社の前に揃って奉納されてから神事を始めて、一連の神事が終わったあとに巡行を始めるように変えました。拝殿前の参道で注連縄(しめなわ)切りの神事が終了して初めて「でか山」が動き始めるように改めたのです。京都の祇園祭でも、稚児が注連縄を切って巡行が始まるでしょう。同じように神事と巡行には深い関係があり、そこに込められた意味があることを啓発したいと考えて始めたのです。

いまでは観光客が注連縄切りをみにくるようになって、たいへんな人数が集まるようになりました。観光客の視線が祭りに集まることで、参加している町衆も、なんのために神事が行われ、なんのために自分たちが山車を曳くのか、意識していただけるようになったと思います。

山田孝子●観光客に加えて、研究者の視点が祭りや儀礼に影響することもありますね。「あえのこと[3]」はもともと能登の人たちにとってはすでに重要視されていない儀礼であったのに、柳田國男に「新嘗祭[4]と匹敵するすばらしい儀礼だ」と言われて能登の人たちが再認識し、もう一度きちんとすることになったという経緯があります。「あなた

---

3) 能登地方において、稲の刈り上げも終わった12月4・5日頃に田の神を家に迎え入れ、田に鍬を入れる翌年の2月まで預かるという古くから行われてきた祭事。本書29ページからの山田孝子による論考も参照。

4) 稲の収穫を祝い、翌年の豊穣を祈願する古くからの祭儀。天皇が新穀を天神(天つ神)、地祇(国つ神)にすすめ、その恩恵を感謝し、また自らも食する。

たちにはこんないいものがある」と伝えることで地域の人が目覚めて残そうと努力する作用が働くという点では、研究者の存在も意味があるのかなと思っています。

暮らしている人が伝統的だとは気付かない儀礼や祭礼が、外からの視点によって初めて伝統として位置づけられることもあります。外との関係によって伝統意識も目覚めて、大切にしていこうとする。いまでは「あえのこと」を観光客がみにくることが、自分たちの文化への誇りにもつながっています。相互作用が働くという意味で、観光も大きな要素だと思います。

本康●外部の視線が入ることによって再認識されて、価値観が変わるわけですね。祭りについては、核となって運営に携わる人と、力を出している人と、みている人という層があって、みている人がいるから盛り上がるという部分はあると思いますね。

小西●重要無形民俗文化財や伝統的建造物保存地区、ユネスコの無形文化遺産などに登録されることで、祭りはグローバルな眼差しを受けることになる。世界のあちこちからみられることになるわけです。私たちが行ったことのない地球の裏側の祭りについてもインターネットで調べられるし、逆もまたしかりですね。そうして外部からみられることで、自分たちの独自性に気づくこともあると思います。

宗教性が失われた祭りに未来はあるか

山田●沖縄の八重山諸島の祭りをみていると、いまでも強い宗教性があって、信仰というものの存在を私は感じます。観光化はやむを得ない面もありますが、信仰からまったくはずれてしまった祭りは、はたして存続できるのだろうかということを考えることがあります。

ロバーソン●私が調査している沖縄の旧コザ、現在の沖縄市には、30年以上続いている、ピースフルラブ・ロックフェスティバル(Peaceful Love Rock Festival)という二日間にわたる野外のミュージック・フェスティバルがあります。この音楽祭を入り口にして、コザの文化的な特徴や社会的な構造、沖縄とアメリカとの文化的・政治的関係性について考えることは、すごく興味深いと感じています。かならずしも宗教的な要素が入っていないイベント的なものでも、文化人類学的・比較文化学的に分析できると思います。たとえば、少し視点が違うけれども、永井純一が最近『ロックフェスの社会学』という本を書いています。

山田●たしかに、音楽祭そのものをコザの人たちが利用して、地域にとっての何かしらの意味を持たせているとしたらおもしろいですね。コザでもかつては宗教性のある祭りが地域の核として存在していたが、さまざまな事情で社会全体の宗教性が薄れるなかで、音楽祭がその役割を代替したのかもしれません。コザという土地の地域性を確認する場として、新たに音楽祭を生み出したとも考えられますね。

祭りの宗教性は、いつまで残るかわかりません。強く残るところもあれば消えて行くところもあるでしょう。むしろ地域にとってなんらかの役割を担うものとして、祭りが存続することは考えられると思いますね。

ロバーソン●もう一つ、祭りを自分たちのためにしているのか、観光客のためにしているのかによって、意味合いが変わってくる気がします。

小西●観光人類学[5]研究では、観光客向けにみせる祭りの研究はかなり行われています。そのなかでは、祭りの担い手が観光客にみせたいものだけをみせるようになることが指摘されていますね。

私が調査をしていた秋田県の角館は、まち自体が観光地として有名ですが、祭りに限っては「これは観光客にはわからない祭りだ」ということをみんながすごく強調します。「自分のためにやっているからこそおもしろい」と考えている人が多くて、私自身も、そうでなければあれだけの労力を祭りに割けないと感じます。

地域振興のために、「こんな祭りをすれば盛り上がるだろう」というプランはどこでもあると思います。しかしそれがずっと続くかどうかは、それに携わる人たちが、「これは価値があるものだ。おもしろいものだ」と思えるかどうかにかかっている。宗教的であるかどうかにか

---

5) 1970年代以降に発展してきた文化人類学の一分野。それまでは伝統文化を破壊するものとしてどちらかというと否定的に捉えられてきた観光を、異文化に対するまなざしの交錯や、観光地が生み出す新たな「観光文化」という点に着目して、現代的な文化現象として考察しようとする。

かわらず、携わる人たちにとって魅力を感じるものであれば、それは続いていく。いかに伝統的で宗教性があるものであっても、担い手にとって魅力がまったくなくなれば廃れると思います。

祭りを毎年行うことで「救える命」が存在する

大森●長らく続いてきた祭りには、その地域の人びとの思いはもちろん、それを支えるしっかりとした組織があることも事実です。阪神・淡路大震災のあとのことですが、国土交通省の方から「祭りが続いているまちほど早く復興する」という話を聞いたことがあります。おそらくそういうまちには、地域全体を支えるなんらかのシステムが生きているんでしょうね。

本康●たしかに奥能登などでも、祭りをしなくなったコミュニティが崩壊した例はみられますね。祭りをしている限りはネットワークもあり、活力もある。石川県としても祭りをバックアップすることによってコミュニティを維持させる戦略・政策を模索しています。

大森●私は2015年から、ある地区の祭りの復興に関係しています。その地区には家が19軒しかなくて、神社は163段の階段を上がった山の上にあったのです。祭りのときには私が神社で祝詞を上げていましたが、地区内に若い衆は二人しかいませんから、神社にある御神輿はもう40年近く下ろしたことがない状態でした。

祭りの復興のきっかけとなったのは、ある人物の死です。じつはその地区のある家で、私の同級生が餓死していたのが見つかったのです。その地区では一番大きな家の総領息子で、独身だったのですが、孤独死のような状態で亡くなっていました。

彼の葬儀のあとに地区の若い衆二人と飲んでいるうちに、「祭りを毎年きちんとしていたら、あいつは死ななかったんじゃないか」という話になりました。祭りが行われていれば住民どうしの密接な関係も維持されて、毎朝みんなで声を掛け合う暮らしができていたかもしれない。これは象徴的な話だと考えて、神輿を出して祭りをしようということになりました。とはいえ、若い衆二人だけでは神輿は担げません。そこで二人に、「近くのお祭りに担ぎに行ってこい」と言いました。

小磯千尋●そこで関係を築いて、自分たちの祭りを手伝ってもらおうということですね。

大森●そうです。「ボランタリー・アソシエーションを作ってこい」と言ったわけです。そうして近郷の祭りを回って関係を築いてたくさんの人に来ていただいたおかげで、何十年かぶりに神輿を下の集落にまで下ろして祭りをすることができたのです。

地区のみなさんにはたいへん喜んでいただけました。たとえば高齢の奥さんどうしが、「５年ぶりに会話ができた」とうれしそうに話していましたし、お供えもみなさん山のように持ってくる。とにかくみんなに喜んでもらえました。

そうして神輿を下ろして祭りができたら、次には山の上にある神社も下の集落まで下ろして、みんなが行きやすいようにしようという話にもなりました。19軒しか家がないわけですから、お金の負担を考えたらたいへんなことですね。でも、みなさんがお金を出し合って、コミュニティの集会所としても使えるようなかたちで神社を作りました。

同級生の死に直面したあのとき、一人の死も無駄にしてはいけないと思ったのです。祭りには人々を結び付け、地域を守る効果があるような気がしますね。

「続けたい」と願う地域の精神があってこそ

小西●とくに石川県の祭りについて考えると、それは近年では地方創生・地域活性化と切り離せないことになっていますね。

本康●祭りができるということは、それなりにコミュニティが維持されている証拠であることは間違いありません。卵と鶏みたいな話で、祭りがあるからコミュニティが維持されているのか、コミュニティが維持されているから祭りができるのかはわかりませんが。

大森●能登地域のさまざまな祭りに大学生が参加するプロジェクト[6]がありますが、あれも一度立ち止まって考え直したほうがいいですね。

---

6) たとえば、石川県内の複数の大学と自治体からなる「能登キャンパス構想実行委員会」が主催する「能登祭りの環プロジェクト」がある。詳細は本書127ページからの小西賢吾による論考を参照。

▶写真２
岡山備前町の家々を回る伊勢大神楽
大神楽には450年以上の歴史があり、古くは「伊勢代神楽」と書かれ、地方の信者に代わって伊勢神宮に代理参拝するという意味があった

ずっとその地域に住み続けて助ける気持ちがあるならいいですが、違いますよね。すくなくとも大学を卒業したら関わらなくなってしまう学生が多いわけです。一度助けられてしまうと頼り切って、コミュニティ自体の思いや力が弱まってしまうことも考えられます。

本康●たしかに、行政や大学などを含めて外部の力でどこまで祭りを支えるのかについては、きちんと考えなくてはいけない気がします。しかし、大森先生の話のようにそれで救われる命もあると考えれば、できることはしたほうがいいという気持ちもある。そのあたりは非常に悩ましいなという気がしています。

山田●伊勢大神楽[7)]が岡山の備前地方に来たときに、いっしょについて回ってみたことがあります。その後のことですが、テレビ番組で取り上げられたときに、伊勢大神楽の人たちは「単にみせるだけの祭りなら受け継ぎたくない。岡山の村々にも過疎化が進んでいて、未来は予測不可能だけれど、たとえ最後１軒だけになったとしても、神楽をする者として祭りの精神はずっと伝えていきたい」と語っていました。そこには単にイベントではない祭りの存在があると感じます。

やはり精神のないただの「イベント」になってしまったら、神社の祭りもどこの祭りも、区別がなくなってしまいますね。祭りの未来を考

---

7) 獅子舞を舞いながら各地を巡り、家々にかつては伊勢神宮、現在では伊勢大神楽の神札を配布してまわる神楽師。

◀写真3
石川県穴水町のキリコ祭り
能登地域のキリコ祭りの多くが、学生ボランティアの活動や、就職・就学のために地域を離れた人が祭りのときだけ戻ることで成り立っている

えるうえでは、祭りを行う地域の人びとが、なぜ続けるのか、どんな思いを伝えていくかが問題になると感じています。

本康●たしかに、その地域に暮らす人が「祭りをしたい」と思うからこそ続くものですね。

山田●ですから、私たちも含めて日本人全員が、いま自分が暮らす地域のありようについて、一度振り返って考えてみることが必要なのではないかと思っています。

地域を離れた若者が戻れる仕組みをどう築くか

山田●祭りを維持してコミュニティを維持しようと思ったら、やはり若者の存在が重要です。沖縄の八重山諸島では、祭りは各島がなかば競い合いながら命がけでする様子が見られます。島民が石垣島や本島に出て少なくなっていても、祭りのときだけは帰ってきてがんばろうという人がたくさんいました。それによって島意識も維持され、島自体も守られるという効果が生まれているようですね。

本康●奥能登のキリコ祭りでも、夏に人が戻ってくるおかげで続けられているところは多いですね。

山田●若い人が戻れる状態を維持し続けていれば、いずれその人たちが歳をとったときには、そこに住み着くことだってあるかもしれません。

小西●たとえば進学等で一度故郷を離れて外から客観的にみたときに、「うちの祭りはこんなにすごかったんだ」と感じて、熱心な祭りの担い手になるというサイクルはあると思います。金沢星稜大学の学生でも、能登出身の学生は地元志向が強くて、「地元に戻って就職したい」と希望する人がかなりいます。金沢に出てきて、自分のふるさとの能登を見直したという学生も多くみました。

大森●いまのところは田舎で生まれ育って都会で暮らしている世代の人たちが祭りの時期に帰ってきていますが、現在は田舎で育っている人自体がいない。もはや出て行く人すらいないわけです。次の世代になったら祭りも地域も消滅してしまう可能性もあります。

ロバーソン●若者のなかには、伝統的で神聖な祭りをそのまま受け継ぎたいと考える人と、いわゆる西洋的・近代的なもののほうに魅力を感じる人と、両方がいると思います。伝統ある祭りの魅力をどのように若者たちに伝えるか、あるいはどのようにして魅力あるかたちへと変えていくのかということが課題ではないでしょうか。チベットやインドでは、祭りに若い人を動員するために何か努力をしていますか。

山田●ラダックでは、若い人たちの多くが大学教育を受けるために他の大都市に行って、ヒンドゥーの人たちのメジャー文化に影響されて帰ってきます。それでも、ある程度の年齢の人たちが「自分たちの伝統文化も守らなくてはいけない」という危機感を抱いて啓発を始めると、賛同して行事などに参加する若い人たちも出てきています。

参加する若者の数がどのぐらいで、いつまで維持されていくかはわかりません。ただ一つ言えることは、インドのような多民族国家で、さまざまな民族が共存する社会では、「自分たちは何者であるか」というアイデンティティがないと生きていけない。その意味で、自分たちの文化を残そうという思いが下の世代にも伝わる。

しかし日本の場合は島国で、その危機意識がないように思います。現在はもちろんさまざまな民族の方も日本に暮らす多民族共存社会になってきていますが、まだまだ帰属意識は弱いですね。

ロバーソン●いま話に出たアイデンティティというのは国のレベルですね。でも、青柏祭のような祭りを支えるのは、まちや地域のレベルのアイデンティティではないですか。

山田●「自分たちは何者であるか」というアイデンティティには、「日本人である」という意識と「○○地域の出身だ」という意識と、両方が含まれると思います。そういう出身地域への思いや、日本各地の地域性が薄れてきていることが問題のように思います。

小磯●インドの若者は、コミュニティ全体で祝う祭りには積極的に参加しますね。とくにガネーシャの祭礼ではマンダルという祭りのためのグループがあって、そこに加入・所属することが地縁を築くもっとも大事な入り口になっています[8]。これはカーストすらも乗り越えて、ある地域に属していることで成り立つ、インドでは貴重な集団です。年上の人からさまざまなことを教えてもらう若者宿的な役割も果たしていて、引っ越してその地域を離れたとしてもマンダルとは関係を持ち続けて、祭りのときには戻ってきて参加します。

インドでは、近代化とともにますます祭りが人のつながりを意識させる場になっています。これが私が調査したときの印象です。巡礼などについても若者の参加も多く、回帰が進んでいるように感じられて、日本とは逆の部分があるのかなと思いますね。

小西●祭りには、誰にでもわかりやすい部分と、それが行われる地域の背景が色濃く反映された部分があると思います。いま話を聞いていて思い出したのは、茨城県の金砂（かなさ）大田楽[9]という72年に1回行われる祭りのことです。前回が72年前ですから経験者はほとんどいない状態ですが、わずかに生き残っている方に話を聞いたり、古い写真をみたりしながら続けているそうです。私は実際に見学に行ったのですが、これはいったいどういう現象なのか、不思議な気持ちになりました。明確な答えは言えませんが、やはりその土地で受け継がれてきた固有の歴史や価値観、これを地域性と呼ぶのだと思いますが、それが祭りを存続させる人びとの結び付きを生み出しているのではないかと感じます。

---

8) 詳細については本書83ページからの小磯千尋による論考を参照。

9) 正式には、金砂神社磯出大祭礼と呼ばれる。茨城県常陸太田市の東金砂神社、西金砂神社の祭りで、神体を日立市の水木浜まで往復させ、道中で田楽などの芸能が演じられる。851年に始まったと伝わり、2003年に行われた祭りで17回目である。

祭りが維持する地域性とアイデンティティ ──グローバル時代も永久に続く祈り

地域の価値観を示し「教育の場」となる祭り

小西●インドのマンダルが若者宿的に機能しているように、祭りには、それに関わる集団や社会で何が価値あることなのかを示す働きがあると思います。祭りでは、みんなが「これはいいものだ」と思えるものが提示されるし、みんなが共感できるものが登場する。その一例が山車なのかもしれませんし、地域によっては音楽などかもしれません。形態はバラバラですが、みんなの心を一つにするものが示されているように思いますね。

山田●まとまりを生み出すと同時に、祭りは若者がその集団あるいは社会でどう振る舞うべきかを学ぶ教育の場にもなっています。たとえばアフリカの成人儀礼では、成人を迎える男性は儀礼のあいだ、長ければ１か月ほど集団から隔離されます。そこで自由な振る舞いをするということになってはいますが、実際にはその場が社会的な規範を教育する場になっている。日本の祭りにもそういう役割があると思います。

小磯●それは日本だけではなくて、かなり普遍的でしょうね。

山田●それはコミュニティを維持するための一つの装置になっているのだと思います。逆に言うと、規範を継承して伝えていく装置がなければ、コミュニティは維持できない。

本康●日本では、年男のグループが祭りで中心的な役割を担うことがあります。つまり一定の年齢に達したら、ある役目を与えられる。これは成人儀礼にも通じると思います。

　輪島大祭[9]でも年男のグループが祭りを運営することになっているそうです。若者宿ならぬ年男宿のようなものが設けられて、そこには自由に出入りできて食べたり飲んだりできる。年男の中心になるような人は、何百万円と散財するという話を聞きました。

9）輪島市街地の奥津比咩神社、重蔵神社、住吉神社、輪島前神社という四つの神社それぞれの夏祭り。各祭りでは、キリコが地区を駆け抜け、入水神事や松明神事が行われる。2017年に、能登のキリコ祭りのいくつかとともに、文化庁の日本遺産「灯(あか)り舞う半島　能登～熱狂のキリコ祭り～」の構成要素として認定。

◀写真4
輪島大祭の入水神事
奥津比咩神社の祭礼。8月22日夕方、袖ヶ浜で女装した若者が担いだ神輿が海に入り沖に向かう。浜側から子どもたちが神輿に結んだ手綱を引き、神輿が行きつ戻りつする。このやりとりが長いほど豊漁になるという

山田●それをすることによって地域社会で認められるし、ステータスが得られるわけですね。

本康●おそらくその人が年男のなかの中心人物だという認定を受けて、その社会で顔役になっていくということでしょう。

祭りの盛衰に反映される社会の姿

小西●散財や蕩尽という行為も、祭りの重要な要素ですね。

山田●コミュニティのなかで儲けた人が、それを祭りの場で還元するという意味もあるでしょうね。そうすることで、集団内での妬みが発生しにくいという大きな意味がある。

本康●祭りが持っている社会を平準化するための機能ですね。

山田●そうしたさまざまな装置を持ちながら社会が維持されてきたのですが、現在の日本社会を見ると、ちょっと心配になってしまいますね。

本康●祭りの時期は「ハレ」ですから、本来の社会秩序をひっくり返して散財もするし、トリックスター[10]みたいなかたちで身分が下の者が上の者を揶揄するとか、さまざまなことができた。そこでカタルシスが起こるわけです。

[10] もともと神話研究で用いられてきた概念で、既存の秩序にとらわれない放埒な行動をとることで物語を展開する登場人物。単なる悪役ではなく、善と悪、破壊と創造などの両側面を自在に往復し、価値観を相対化するような役割を果たす。日本神話ではスサノオが代表的なトリックスターとして知られる。

小磯●日ごろは目立たないけれども、祭りのときにはすごく活躍する人がいたりしますね。

本康●そうしてバランスをとることで、そのコミュニティが成り立っていたわけです。

小西●そう考えると、祭りの対極にある日常がしっかりしていないと、祭りは魅力的にならないのかもしれないですね。たとえば学園祭が盛り上がるのは、学校の日常がきちんとしていて、それが転倒されるからかもしれません。伝統的な祭りの盛衰についても、祭り自体の問題とも、それを支える日常社会の問題とも考えられますね。

本康●そもそも日常的にきちんとしたコミュニケーションがなかったら、祭りを行うことはできませんよ。

ロバーソン●逆もあると思いますね。日常的な生活のなかでそのコミュニティにいる人たちが苦しんでいるから、祭りでは盛り上がるのかもしれません。学生生活があまりに楽しくないから、学園祭で発散するということも考えられます。(笑)

本康●たしかに、平常の状態が祭りを支えている部分もありますが、逆に祭りでの発散が平常の状態のコミュニティを支えている部分もあるかもしれませんね。

日本人としての自分を意識させる日本の祭り

ロバーソン●昨年初めて「百万石まつり[11]」の百万石行列というパレードをみました。これは個人的な印象ですが、あの祭りは現代社会のなかで生きている日本人が「自分は日本人である」と再確認する場にもなっているのではないかと感じました。

本康●たしかに、「やっぱり日本人だね」と思うのは、いまでは祭りぐらいしかなくなってしまった。正月の儀礼とかね。

ロバーソン●着物を着るとか袴を着けるとか、そういう日本の文化とはなんなのか、自分はどのような者なのかを感じたり楽しんだりする場が祭りだと思います。

本康●金沢には「百万石まつり」以外にまち全体としての祭りがない

11) 本書97ページからの本康宏史による論考を参照。

ので、何かまち全体を挙げたイベントがないと、「金沢のまちの人間である」ということを意識しづらい。おそらく現在の金沢市では「百万石まつり」がその役割を果たしていると思います。

ロバーソン●去年みて興味深いと感じたもう一つは、伝統的なものとバトン・トワリングやマーチング・バンドなどが、同じ祭りのなかでいっしょになっていることです。それに矛盾を感じずに行われているのが日本的だなと思いました。

小磯●市民みんなが参加するかたちになっていますからね。日本ではよくありますよね。

科学がいかに進展しようとも消えない畏れの感覚

大森●日本では、日常生活のなかで近代的なものと伝統的なものとが同居していることはよくありますよ。これだけ近代化が進み、科学が進展しても、じつは神主がしなくてはならないことがたくさんある。その一つが地鎮祭です。私の叔父は、原子力発電所の地鎮祭をしました。発電所などでは、こうした儀式は徹底的に行います。原子力発電所を完成するまでに、原子炉を運び込むときなどの節目、節目で300回もお祭りをしたそうです。「それほど自信がないのか」とも感じますが。(笑)

ある火力発電所からは、年に2回、所長さんや関連企業の方、労働組合の方などが来られて神社で儀式をされます。逆に言うと、儀式的なことは我々の統率、みんなで意識を共有することにつながるのかもしれない。かつて日本で祭りをすることが農作業をするうえでの共通認識の醸成につながっていたように、危機管理についても共通するものがあるのではないかと私は思います。

本康●原子力発電所などについては、「自然に対して、かなり手をつけている」という意識があるから、それに対する畏れがどこかにあるということでしょうね。

大森●日本人の感覚の一つとして、いまでも「畏れ」というものはあると思います。

アヒム・バイヤー●私は韓国で、登山家のクラブの祭りに参加したことがありますが、そのクラブでは冬のあいだは山に行かず、3月ごろになって山に行ったときに、伝統的な祭りを行っていました。そのクラブに入っているのはみんなソウルに暮らす人たちで、カトリック、プロテスタント、仏教などさまざまな宗教の人が集まっていますが、祭りには宗教を超えて参加して、「今年の登山中に事故がないように」と祈っていたんです。

小磯●山開き、安全祈願のお祭りですね。

バイヤー●そうです。ドイツでもこれと似たものがあって、いま若者は基本的にキリスト教会には興味をもっていないですが、4月に行われるバイクの安全祈願の祭りは人気です。1万人ぐらいがバイクに乗って舞台の前に集まって、牧師さんが「事故が起こらないように」と交通安全を祈ります。

大森●私も年に一度、ハーレーダビッドソンに乗った人たちの安全祈願をしていますよ。青柏祭の山車は日本最大の山車で、ぶつかってもだいじょうぶな山車だという意味合いのようです。これには宗教はまったく関係がないですね。

祭りを学ぶことで得られる人生を生き抜く知恵と精神

小西●科学が進展して、グローバル化も進んで、暮らしぶりがどれだけ変わろうとも、思い通りにならないことや不安なことは残り続ける。そこには、「なんらかのかたちで不安や問題をうまく解決して、健やかに日々を送りたい」という願いが存在し続けます。それは個人についてのことかもしれないし、集団のことかもしれない。そうした思いがある以上、祭りというものの存在はなくならない気がしますね。

バイヤー●もう一つ、現在はデジタル化が進んだ社会で、誰もがスマートフォンを片手にインターネットをみています。祭りに参加すると、手で物を運ぶとか水に入るとか、バーチャルではなく実際に身をもって体験することができる。これは祭りの強いところの一つだと思います。

大森●現在の七尾市は5万の人口がありますが、青柏祭で初めて「でか山」が奉納された当時には、6,000人ほどしかいなかったそうです。10分の1の人口で、現在より大きな山車を運行していた。寿命も短いはずですし、科学のレベルも低かったはずですが、あれほど大きなものをなぜ動かすことができたのか。もちろん心意気もあるでしょうし、一人ひとりの腕もあったと思いますが、やはり一人の人間が仕事も遊びも一所懸命にがんばるという豊かな人生を送っていたことが、なんとなく推察されるんですよね。

ロバーソン●中心で支える組織や人間関係、裏方のサポートや外部の視点の存在など、祭りというのはさまざまな角度、いろいろなレベルから複雑に考えないと分析できない。すごくおもしろい人間的行動ですね。

山田●比較文化学において考えるテーマとしては、祭りは大きくて難しいものではありますが、社会や集団、人間を考えるうえでは避けて通れないものともいえます。また、祭りについて観察して考えることは、自分たちが生きるうえで大切な知恵や精神を学ぶことにもつながると思います。まずは自分の故郷の祭りから、学びの世界へと入ってみてほしいですね。

参考・参照文献

永井純一(2016)『ロックフェスの社会学――個人化社会における祝祭をめぐって』京都：ミネルヴァ書房。

「あつまり」と「つながり」の場としての祭り

コミュニティの維持・再生につながる力

小西 賢吾

1 祭りが示す社会の縮図——価値観、宗教観、世界観

祭りは集団的な実践である。祭りは人びとがつどい、つながることで動き出す。神事をはじめとする儀礼の厳粛さや、祝祭的な楽しみと興奮、そして祭りの後の一抹の寂しさといった感情を人びとは共有し、また次の祭りを楽しみに1年を過ごす。伝統的な祭りは本来、地縁的なコミュニティと密接に連関しているものである。たとえば、祭りの時期は農事暦をはじめとする生業の時間と連動し、生活のリズムの形成に関与してきた。また、祭りの場においてさまざまなシンボルやパフォーマンスを通じて提示される世界観は、共通の価値意識を育むことで人びとをつなぎ、コミュニティを持続させる基盤になってきた。文化人類学や地域研究において、ある地域で最初にフィールドワークを行う場合、まずは祭りを見るようにアドバイスされることが多い。それは、祭りが地域文化の縮図になっているからである。

だが、こうした伝統的・典型的な祭りの姿は、20世紀後半以来大きく変容した。都市化や産業化、そして少子化や過疎高齢化といった社会変容は、祭りを支えるコミュニティのあり方にも大きな影響を与えた。日本で1970年代以降に発展した人類学的な都市祭礼研究(たとえば[米山 1974]など)は、地縁や血縁といった伝統的な社会関係が希薄化した都市における祭りの動態に注目した。そこでは、多様な背景を持った参加者が祭りにつどい、非日常の時空間を共有することで、新たなつながりが生み出されることが観察された。その一方で、いわゆる地方に目を向けると、高度経済成長期以降の加速的な人口減少の中で、いかに地域の祭りを存続するかが大きな関心事となっている。近年では、祭りが地域活性化にも欠かせない要素として位置づけられている。

日本の祭りでは、参加者の動機として特定の宗教への信仰以外の要素が重要であることが指摘され[薗田 1990: 3; ASHKENAZI 1993: 151]、むしろ祭りとコミュニティとの関係に注目が集まってきた。日本語の「祭り」ということばが、祭祀をその本義としている一方で、「学園祭」や「創業祭」など、宗教が直接関わらない現象に対しても使われるようになっていることは、こうした日本人の祭り観のあらわれともいえよう。祭りを比較文化的にとらえようとするとき、宗教との距離は一つの指標になりうる。同時に、あらゆる祭りがより広い意味での宗教性を

有していることも忘れてはならない。祭りを通じて、人びとは日常的・合理的な思考ではとらえることのできない時空間に飛び込み、さまざまな体験をする。そこで人びとがどのようなつながりを形成するのかは、コミュニティのあり方を考える上でも重要なテーマである。

「祭りが人びとをつなぐ」というのは簡単であるが、現場ではいったい何が起こっているのだろうか。フィールドワークにおける祭りの参与観察は、その厳粛さや楽しさをともに体感することからはじまる。調査者自身も祭りを担う一員となって、非日常の時空間を内側から観察する。時に夢中になりすぎて調査を忘れてしまうこともあるが、祭りの興奮と一体感は確かな記憶として身体とこころに刻み込まれる。祭りが終わり、日常の時間に帰っていくとき、祭りとそれによって形成・強化されたつながりが、日々の生活に何らかの形で引き継がれていくことを感じる。こうした経験のバリエーションをひもとくことが、祭りの比較文化研究につながる。本稿では、これまで筆者がフィールドワークを行ってきた日本の二つの地域とチベットの事例を比較しながら、「あつまり」、「つながり」の場としての祭りの特徴を考えていきたい。

2 人びとを惹きつける祭りの興奮 ――秋田県の「角館のお祭り」

秋田県仙北市角館(かくのだて)町は、かつて秋田藩主の一族である佐竹北家の当主が居館を構え、中心部には江戸初期の町割がそのまま残ることで知られている。国の重要伝統的建造物群保存地区に指定された武家屋敷の街並みは、京都からもたらされたとされるシダレザクラの並木とともに美しい景観を形成し、全国から多くの観光客を集める東北地方屈指の観光地になっている。

ここで毎年９月７日から９日の３日間にわたって行われるのが「角館のお祭り」である。角館と周辺地域では「お祭り」といえばこの祭りを指すほどであり、盆・正月には帰省しなくとも祭りには帰ってくる者も多いといわれる。筆者が初めて角館を訪れたのは2002年のことであったが、普段は寡黙な人びとが祭りの話になると目を輝かせ、とくに激しく感情をぶつけあう様子に驚かされたことを覚えている。筆者もまた祭りを担う若衆の一人として祭りに参加した経験を通じて、その背景を少しずつではあるが理解できるようになった❶。

角館のお祭りは、角館の鎮守である神明社と、真言宗の寺院で薬師如来を祀る薬師堂が主催する二つの祭祀が明治時代に合同したという少し珍しい由来を持っている。それぞれの寺社によるミコシ❷の渡御が祭りの中核になっているが、多くの人びとの注目を集めるのは町内を練り歩く曳山(ヤマ)である（写真1）。曳山の巡行は、「角館祭りのやま行事」として重要無形民俗文化財にも指定されているほか、2016年には他地域の32件の祭りとともに「山・鉾・屋台行事」としてユネスコの無形文化遺産に登録された。曳山は、全長約7m、幅2.5m前後で、毎年異なる歌舞伎や芝居などをモチーフにした人形が載せられ、その周囲に装飾が施される。「飾山(おやま)囃子(ばやし)」と呼ばれる囃子を奏する囃子方の乗り込むスペースと、囃子にあわせて踊りを奉納する踊り子の乗る舞台が特徴的である。

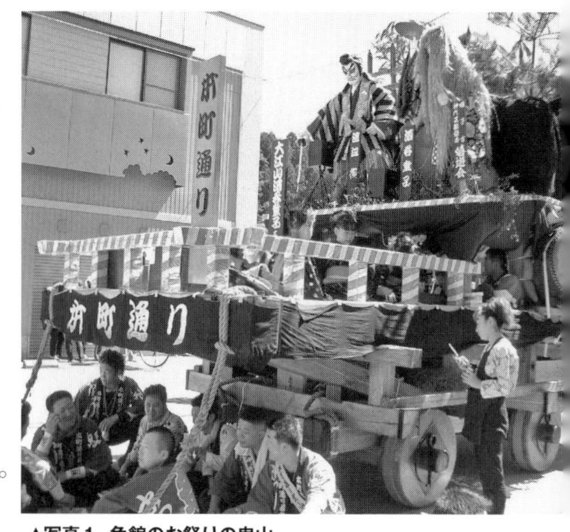

▲写真1　角館のお祭りの曳山
若者たちが囃子と先導のかけ声にあわせて綱をひき練り歩く。同じ柄の半纏が町内（丁内）のメンバーシップをあらわす

やま行事の最大の特徴は、計18台にのぼる曳山が、ばらばらに町内を動き回ることにある。祭りの3日間にわたり、曳山は神明社と薬師堂への参拝、かつての領主である佐竹北家当主への披露、各町内への披露などの目的を果たしていく。しかしそれは必ずしもスムーズに進むわけではなく、曳山同士が道中で鉢合わせすることも少なくない。その際には「交渉」が行われ、通行の優先権が争われる（写真2）。すれ違うことが困難なせまい道での交渉は難航することも珍しくない。交渉の結果次第では、曳山同士のぶつけあいである「ヤマブッツケ」が行われることもある。ヤマブッツケは、単にぶつけるだけではなく、絡み合った曳

❶ 筆者は、2003年から2005年にかけて実施したフィールドワークに基づいて、角館の祭りにおける存続のメカニズムについて論じた［小西 2007］。

❷ 神明社のものは「神輿」、薬師堂のものは「御輿」と表記することが多いため、ここではカタカナで表記している。

山を押し合い、数時間におよぶこともある。そのインパクトから、観光客向けに時間と場所を決めて行う「観光用激突」も行われている。

ヤマブッツケの興奮はわかりやすく多くの人びとを魅了するが、実は交渉をはじめとする曳山同士のかけひきこそが、祭りの醍醐味であると語る者が多い。刻々と変化する状況を、戦略と交渉を駆使して打開していくことは、ゲームにも似た面白さを参加者に感じさせる。18台の曳山が複雑に絡み合う祭りでは、さまざまなトラブルや想定外の事態が発生する。必ずしも予定通りに曳き回しができるとは限らない。失敗や課題、反省点をかかえて、人びとは日常においても「良いお祭り」とは何かをめぐって議論をかわす。こうした過程を通じて、人びとは祭りの興奮を共有していく。

こうした背景ゆえに、「この祭りは観光客にはわからない」といわれることも多い。その事実は、祭りに参加することが、すなわち角館のコミュニティの価値観やコンテクストの共有とイコールであることを端的に示している。その反面、やま行事は多くの「よそ者」の参加なくしては成り立たない現状もある。20世紀初頭まで曳山は、町人階級が住んでいた旧市街の外町（とまち）を形成する、九つの「丁内」と呼ばれる地域コミュニティごとに運営されていた。戦後にかけて市街地が拡大する中で曳山の数は急増し、1995年には現在の18台を数えるまでになった。その中で、曳山の運営母体は多くが丁内から「若者会」へと移行した。

▲写真2　曳山の交渉の様子
それぞれの曳山の「交渉員」が通行の優先権をめぐって話し合う。大音量の囃子が響く中、早口の方言で行われる交渉の内容を部外者が聞き取るのは難しい

若者会は、地理的には丁内にベースをおきながらも、より柔軟なメンバーシップを認めている。この背景には、20世紀後半以降の社会構造の変容がある。かつて祭りをおもに支えていたのは旧市街の裕福な商人たちであったが、人口流出や少子高齢化によって、経済的にも人員的にも、丁内出身者だけでは成り立たなくなってきたのである。

近年、過剰な暴力や無秩序な巡行など、祭

りのモラルの低下が問題視されることが多い。その原因が町外からの参加者の増加にあると考える声もある。その一方で、町外出身ながらも曳山の運営に深く関わり、祭りに関する知識を身につけ、「良いお祭り」について考え実行するサイクルに参与する者も多くいる。それは、祭りの非日常の興奮が、既存のコミュニティの枠組みを越えて多くの人びとをつなげていることを端的に示している。同時に、その興奮が祭りの理念から大きく外れないように調整し制御する役割も、このつながりは担っているのである。

3 学生とともに支える祭り――石川県能登のキリコ祭り

キリコとは、「キリコ灯籠」の略で、盆などに使われる灯籠をあらわすことばである。石川県の能登地方においては、大型のキリコが祭りに登場する。それは、「ロウソクを灯す長大な箱状の空間を中心として、それに様々な飾りや屋根・担ぐ棒、枠台がつき、さらに鉦・太鼓・笛などを演奏する神楽屋台がもうけられた構造のもの」と定義され[西山 2015: 8]、祭りではそれを担いで練り歩く。現代では高さ約5m前後のものが多いが、最大のものは15m程度に達する(写真3)。

毎年夏から秋にかけて、能登は祭りの季節を迎える。キリコが登場する祭りの全貌を把握するのは困難であるが、雑誌『能登』のまとめによると、珠洲市、輪島市、能登町、穴水町、七尾市、志賀町の6町村において、7月に30、8月に49、9月に84、10月に23のキリコ祭りが行われている[『能登』編輯室 2015]。とくに8月～9月には、ほぼ毎日どこかの集落で祭りが行われていることになる。その歴史や地域特性、継承のストーリーなどが総合的に評価され、2015年4月には文化庁の「日本遺産」に認定された。

キリコ祭りを支える地域、とくに「奥能登」と呼ばれる珠洲市、輪島市、能登町、穴水町の人口減少には、歯止めがかかっていない。奥能登地域の総人口は2017年現在で計68,195人であるが、2040年には36,889人まで減少すると予想されている❸。長らく都市部への人口流出が続いていたが、高齢化も進行し続けており、2002年には人口の自然減少が社会減少を上回った。そして2020年には、65歳以

❸ 国立社会保障・人口問題研究所報告書『日本の地域別将来推計人口――平成22(2010)～52(2040)年――(平成25年3月推計)』による。

▲写真3　石川県能登地方のキリコ
大きさや装飾には差異が見られるものの、能登地域全体で共通した形態を持っている。後部には子どもが乗り込むことが多い

上の老年人口が生産年齢人口を上回ることが予測されている。能登地方の祭りは、人口減少時代の祭りの将来を考える最前線の一つである。

キリコは、多くの熟練した担ぎ手を必要とする。神輿や曳山などと比べて重心が高いため、バランスをとることが非常に難しく、人数が多いだけではうまく担ぐことができない。多くの小規模なキリコ祭りでは担ぎ手の確保が重要な問題になっており、やむを得ず車輪をつけて押すことが珍しくない。その場合でも、祭りのクライマックスには車輪をはずして担ぎ、練り歩く。これは、キリコが本来「担がれる」ものだととらえられていることを端的に示している。車輪をつけた巡行さえ困難な状況になると、神社などに飾られるだけになり、こうなると存続が危ぶまれる状況になるという。

角館のお祭りでは、曳山の交渉や激突といった他に類を見ない特徴によって多くの人びとを惹きつけ、担い手も集めていた。一方、毎年100か所以上で行われるキリコ祭りはいずれも類似した形態を持っており、それぞれに魅力はあるものの、そのすべてに十分な参加者を確保することは容易ではない。こうした状況を打開するために近年見られる動きの一つが、大学生の参加である。

筆者が2015年以来参加している「能登祭りの環プロジェクト」は、2011年に金沢大学が中心になって発足した「能登キャンパス構想推進協議会」の事業の一環として行われている。能登キャンパス構想推進協議会は、金沢大学、石川県立大学、石川県立看護大学、金沢星稜大学、輪島市、珠洲市、穴水町、能登町、石川県から構成され、自治体と大学、そして能登の各地域住民が連携して学びの場を生み出し、地域活性化を目指すものである。祭りの環プロジェクトでは、2011年から2016年までに四つの市町の祭りにのべ580人の学生を派遣してきた[4](写真4)。

参加する学生の多くは北陸地方の出身であるが、キリコ祭りの経験者は少ない。いわば祭りの初心者である学生だが、貴重なキリコの担ぎ手として歓迎される。それを端的にみることができるのが「ヨバレ」の場面である(写真5)。もともと能登の祭りにおいては、親戚や友人、客人を酒食で歓待するヨバレの習慣があった。学生は地域の新たな客人としてもてなされ、大学にとっては学生が地域文化を学ぶ機会にもなる。このヨバレの習慣があったことが、外部者がそれほど違和感なく受け入れられる要因の一つになっていると考えられる[5]。

その一方で、プロジェクトを運営する側では、学生を単なる補充人員として派遣することの是非や、地域が学生に頼りすぎてしまうことへの危惧が議論されるようになった。その結果、2017年度からは名称を「能登祭りの環インターンシップ事業」として、限られた人数ではあるが祭り前後の準備期間から参加する形が導入された。インターンシップに参加した学生は、祭りの歴史や意味に関する理解を深め、他の学生ボランティア

▲写真4 キリコ祭りに参加する大学生

「能登祭りの環プロジェクト」が支援する祭りでは、キリコの担ぎ手の半分近くを大学生が占めることもある。法被は自治体から貸与され、地域の人々と学生との見分けがつくようになっている

▲写真5 ヨバレの様子

クジラ肉など地元の特産品を含んだ伝統的な食事が出される。親戚や友人、遠来の客が集うもてなしの場である

---

[4] 詳細については、池田[2018]を参照。プロジェクト設立当初から企画、運営の中心メンバーとして関わってきた筆者によって、設立の経緯や祭りの概要、学生の活動記録、今後の課題などについて、石川県における地域・大学協働の推進という背景からまとめられている。

[5] ただし、ヨバレは金銭的な負担や、料理を作る女性の負担が大きいことから、近年縮小が続いていることも事実である。そのため、仕出し料理やオードブルを用意するなど、できるだけ負担の少ない形で行われている。

をリードする役割を期待される。このように、学生を単なる一時的な外来者として扱うのではなく、より深く祭りに参与させていくような変化が起こっている。ただし、4年で卒業する学生が地元出身者と同じレベルで参与することは困難であり、祭りの中核となるメンバーが今後も確保できるかは不透明である。

能登では「キリコにつながる」という言い方をよく耳にする。キリコは単なる灯籠ではなく、皆が力を合わせて担ぎ上げる存在、そして能登の祭りを象徴する存在として多様な人びとを結びつけている。地元出身で地元に住む人びと、地元出身で金沢市や県外で生活する人びと、能登の生活に惹かれてIターンしてきた人びと、そしてキリコとは縁もゆかりもなかった人びと。皆が、肩にずしりとかかるキリコの重みを共有するのである。

こうしたつながりの広がりの一方で、祭りの中核となる神事は地元出身者が担い続けている。神社の祭神は、灯籠としてのキリコに伴われ、神輿にのって人びとの生活空間を訪れる。祝詞を通じて「○○(集落の名)がこれからも栄えるように」という祈りが捧げられる。こうした神事をみると、多くの外部者を受け入れながらも、祭りの根底は地域固有の環境や空間に根ざしていることに気づかされる。祭りの存続は、単に参加者を確保できるかにとどまらず、その地域で生まれ育った人びとが生活の場を守り維持していきたいと思い続けられるかどうかにかかっているのである。

4 宗教復興の一環としての祭り――チベットのマティ・ドゥチェン

これまでとりあげてきた日本の祭りは、神道や仏教の儀礼をその基盤としている。明治維新のあと、廃仏毀釈[6]によって神道と仏教との関係は大きく変容したものの、現代では祭りに関わる宗教の存続は自明のこととして受け入れられている。これに対して、筆者が2005年以来フィールドワークを行ってきた中国四川省のチベット社会は、20世紀中盤に国家による宗教活動の全面的な停止を

[6] 6世紀に日本に伝来した仏教は、その後神道と混交し、神仏習合と呼ばれる独自の信仰体系を形成した。明治初期、政府による神道の国家宗教化に伴う神仏分離によって、廃仏毀釈と総称される大規模な仏教寺院や仏像の破壊運動が起こった。

経験した。1980年代以降、宗教政策の転換によって宗教復興がはじまったが、現代において祭りに相当する集団的な宗教実践を行うことは、一度失われた宗教的価値観やそれに伴う地域コミュニティの枠組みを、現代の社会背景に適応した形で再び築きあげるという意味を持っている。

チベット高原東端部のシャルコク地方(中国四川省松潘県)の暮らしは、1949年の中華人民共和国建国後、社会主義の政策の影響を受けることになった。この地域で受け継がれてきたチベットの伝統宗教ボン(ポン)教の祭りも、断絶を経て復興するという過程を経てきた。かつてゴワ(頭人)と呼ばれる領主に統治されていたこの地域は、複数の集落と僧院からなる「ショカ」と呼ばれるコミュニティを形成していた。しかし1950年代後半以降、人民公社[7]の設立によって従来のコミュニティの枠組みは解体された。その後に続く反右派闘争[8]から文化大革命[9]にいたる社会変動の中で、僧院をはじめとする宗教建造物は破壊され、宗教の担い手である僧侶たちは還俗し、祭りを支えてきた宗教的な知識や世界観は表舞台から姿を消すことになった。

1980年代の「改革開放」によって宗教の復興がはじまると、中断していた儀礼や祭りも再開された。筆者がフィールドワークを行っていたボン教僧院では、建造物の修復に先だって再開された祭りがある。それが、毎年旧暦2月に15日間にわたって行われる「マティ・ドゥチェン」である。ドゥチェンとは、チベット語で「大きな時」を意味し、僧院で大規模な儀礼が行われる日を指す。堂内の儀礼にとどまらず、多くの世俗の人びとが集まる場は、日本語の祭りを想起させるような非日常の雰囲気をまとう[10]。

「マティ」とは、ボン教の代表的なマントラ[11]である「オーンマティムイェサレ

---

❼ 農業をはじめとする生業を集団化した生産隊と呼ばれる組織と、行政組織とを融合した地域単位。中国の社会主義的近代化の基盤となる組織であったが、1980年代の改革開放後にほとんどが解体された。

❽ 1957年に中国で行われた、中国共産党の政策に批判的な知識人を摘発する政治運動。

❾ 1966年から1976年に中国において行われた大規模な思想・政治闘争であり、多面的な事象である。宗教をはじめとする伝統的な思想は攻撃を受け、僧侶をはじめとする宗教指導者たちが批判の対象となり投獄された。

❿ この祭りに関するより詳細な記述は、小西[2015]を参照。

⓫ 日本語で「真言」と訳される、宗教的な力を持つとされるフレーズ。日常的に唱えることが善行とみなされ、現世と来世の利益をもたらすとされる。

▶写真６
僧侶による
宗教舞踊「チャム」
地域や宗派によって形態には差異があるが、神がみの仮面をつけて舞うことが僧侶にとっては修行の一環でもある

ドゥ」からとられたものである。マティ・ドゥチェンは僧院の年中儀礼の中でももっとも大規模なものであり、強力な護法神に祈る儀礼を通じて僧院と集落を浄化し、人びとの息災を祈ることを目的としている。僧院の堂内で行われる儀礼は、密教的な知識に裏付けされた秘儀的な性格が強く、専門的な修行を積んだ僧侶たちによって担われている。

神事が専門家である神職によって担われることは日本でも同様であるが、現代の日本の人びとは、ミコシにのって集落を練り歩く神の存在や力をみることはなく間接的に感じ取る。対照的に、チベットの僧院の祭りでは、人びとに対して明確な形で儀礼の効果が示されることが大きな特徴になっている。

たとえば、仮面を用いた宗教舞踊であるチャムは、15日間にわたる祭りのクライマックスに登場し、舞い手である僧侶の身体を通じてさまざまな神がみが顕現するとみなされるものである（写真６）。集まった人びとは、神がみに供物の絹布カタを捧げ、敬意をあらわす。そして、その神がみによって、悪霊をよりつかせたドゥーと呼ばれる構造物が破壊される。ドゥーは、高さ約１メートルの木製の枠組みに特殊な装飾が施されたものであり、破壊の場面が人びとに示されることで、祓いのイメージが可視化される（写真７）。

祭りは、僧侶による丸薬「マティ」の授与で締めくくられる。祭りと同じ名前を冠するこの丸薬は、儀礼のあいだ堂内の祭壇に安置され、そこから伸びた五色の糸によって、マントラを唱える僧侶たちの手とつながっており、その力が込められているとされる(写真8)。西洋医学も普及している現地において、マティは危機に瀕したときに「信心を持って」飲むものであると説明される。これもまた、祭りの意義を明確な形で提示するものである。

このように、様々な形で提示された意味が、専門的な儀礼の知識を持たない人びとに共有されることで、祭りの場は成立している。これは地域を問わず多様な祭りで観察できることであるが、日本では「神事」と「余興」が比較的明確に区別されているのに対し、チベットでは神事に相当する儀礼が大部分であるという違いがある。曳山やキリコに集う人びとは、神事の重要性を意識しつつも、そこから離れた余興としての興奮を享受し、共有できる。一方で、チベットにおいては、儀礼の中核をなす宗教的価値観がより直接的に人びとをつなぎとめているという特徴がある。

▲写真7 ドゥー

約2週間にわたって僧院の堂内に安置された後、村はずれに持ち出されて破壊される

▲写真8 マティ

ツァンパ(麦焦がしの粉)と様々なチベット薬を混ぜ合わせてつくられる。直径約5㎜(研究室にて撮影。丸薬そのものは2007年に四川省松潘県にて入手)

復興したマティ・ドゥチェンが示すのは、伝統的なコミュニティとしての集落と、そこに暮らす人びとを守るという目的である。とはいえ、日本における事例と同様に、コミュニティの形はかつてとは大きく変容しつつある。改革開放とその後の経済発展は、生業の多様化とともに、他地域への出稼ぎの拡大ももたらした。生業を共有していることや、ともに住んでいることによるつながりは、急速に失われつつある。その一方で、復興した宗教は理念的なコミュニティの形を示し続ける役割を果たしている。それは、社会と宗教とが密接な関わりを維持してきたチベット文化の特徴を端的に示しているのである。

5 祭りによる「コミュニティ再生」の可能性

ここまで述べてきた事例に共通しているのは、社会変容によってかつてのコミュニティが維持できなくなった状況にあっても、人びとが祭りにつどい参与することを通じてつながりが生み出され、それが更新されていくプロセスであった。参加する人数が多いというだけでは、つながりが生み出されることにはならない。祭りの意味、そして祭りによって引き起こされる体験を共有することで、人びとは祭りに惹きつけられ、その一員となっていく。

日本社会について「無縁社会」[12]ととらえる見方があるように、現代では既存の社会関係が流動化、希薄化していく側面がある。その一方で、グローバリゼーションやSNSの普及は、これまでに想定されなかった出会いとつながりのチャンネルを生み出しつつある。そうしたチャンネルを通じて、かつてはアクセスが困難だったような文化にも簡単に触れられるようになった。祭りもまた、地域の枠を越えた多様な人びとに開かれつつある。集団的な実践としての祭りは、それに触れた多くの人びとを惹きつけ、結びつける大きな可能性を持っている。

本論でとりあげてきた祭りは、悪いものを祓い日々の幸福を願うというシンプルな祈りを中核にしながら、曳山やキリコ、丸薬といった具体的なものを媒介にして、人びとに確かなつながりの感覚や、よりどころとしての安心感、そして熱狂できる面白さといったリアルな体験を提供する場であった。祭りが提示する価値観や体験は、時代に左右されない普遍性を持つがゆえに、多くの人びとを結びつけることができるといえる。

祭りは、必ずしも一時的な非日常体験にとどまらない。祭りの経験を共有し、祭りについて語ることは、地域社会の一端に連なることに他ならない。一時的な訪問者であっても、祭りを通じて身体とこころに刻まれた経験によって、その地域の時間を生きることができる。筆者もまた、祭りの時期が近づくと秋田や能登、シャルコクなどのことを思いだし、訪問できないときでも友人に連絡をとる。その時に、祭りは研究対象として外からみる異文化ではなく、自分の一部になっているこ

[12] 2010年に放送されたNHKのドキュメンタリー「無縁社会」において取り上げられた孤独死の問題は、セーフティネットとしての社会関係（縁）が失われつつあることを浮き彫りにした。翌2011年の東日本大震災を経て「絆」概念が注目され、あらたなつながりの形を模索することが重要な課題として提起された。

とを感じる。祭りを維持し活性化することが、少子高齢化対策や経済活動を含めた地域の将来像にどこまで結びつくかは未知数の点が多い。ただ、「あつまり」、「つながり」を生み出す場としての祭りが、日常における様々な活動や事業の基盤となる社会関係の維持と拡大に寄与する可能性は十分にあると考えられる。

比較文化学に関心を持つすべての人が、フィールドワークを専門にする研究者のように、長期間にわたる異文化への参与ができるわけではない。しかし、専門家でなくても、自分の住む地域や、見知らぬ地域の祭りに参加することは、その地域について自分のこととして知り、考え、比較する絶好の機会になる。祭りを支える知識やふるまい、価値観などは、経験を通じて継承されていく。学生や研究者を含む外部の参加者も、祭りの一員として継承の一端を担う存在なのである。さらに、祭りを比較文化学的に考察することは、「あつまり」と「つながり」の中で生きる人間の社会性を考えることにもつながっている。こうした視点を持つことで、祭りは一時的な楽しみを超え、より豊かで魅力的な探求のフィールドになるのである。

参考・参照文献

ASHKENAZI, Michael (1993) *Matsuri: Festival of a Japanese Town.* University of Hawaii Press.

池田幸應(2018)「学生の『能登・祭りの環』インターンシップ事業における地域・大学協働に関する研究」『金沢星稜大学人間科学研究』11(2)、pp.77-82。

小西賢吾(2007)「興奮を生み出し制御する――秋田県角館、曳山行事の存続のメカニズム」『文化人類学』72(3)、pp.303-325。

小西賢吾(2015)『四川チベットの宗教と地域社会――宗教復興後を生きぬくボン教徒の人類学的研究』東京：風響社。

薗田稔(1990)『祭りの現象学』東京：弘文堂。

西山郷史(2015)「能登のキリコ祭り――歴史と心意」『能登』(20)、pp.8-13。

『能登』編輯室(2015)『能登』(20)。

米山俊直(1974)『祇園祭――都市人類学ことはじめ』東京：中央公論社(中公新書)。

青柏祭曳山行事をつなぐ祭礼組織と曳行技法

日本最大の山車に共存する神聖性と遊戯性

大森 重宜

1 大地主神社と青柏祭にみえる京・近江との縁

古代日本人は、柏の葉を食器として使用してきた。青柏祭の名は、神饌をその柏葉に盛り奉ることに由来する。現在の「青柏祭本儀（山車奉納後のいわゆる神事）」でも祭主は、冠の巾子に柏葉を三つ柏の形状に装着して神事を執り行う。

青柏祭は、石川県能登半島の七尾市にある大地主神社の例大祭である。大地主神社の歴史は、718（養老2）年に能登の国守が、この地を守る地主の神社として近江国（現在の滋賀県）の山王社（日吉神社）の御分霊を招いて創建したことに始まる❶。国守はこの山王社を深く崇敬して、恒例の祭典を荘厳に執り行った。863（貞観5）年には、新たに国守となった橘朝臣門雄が本社を改造する。981（天元4）年には、当時の国守であり、日吉大社を厚く信仰する源順❷が、京都の鬼門を守る比叡山にならって山王社を加夫比古神社と合祀して、能登地域を守る府内守護神社とした。もとは能府地主山王宮と称していたが、1928年に大地主神社となった。

青柏祭が始まったのは、源順の治世時代だとされる。七尾の風景を愛した源順は、七尾湾を琵琶湖に見立て、各地に京都および近江国の名をつけて、山王社を日吉大社になぞらえた。その祭礼も、日吉大社とその摂社である唐崎神社の祭礼「山王祭」にならって行われてきた。

現在の祭りにおいてでか山木遣り衆が唄う曳行最後の『曳付之木遣唄』には、「今日は申の日山王の祭り、上の七社に中七社又下の七社山王こめて君の万歳、国の繁栄祝い祭れば鶴亀さえも翔つ浮かびつ舞い遊ぶ」とある。この上中下の七社とは、比叡山山王二十一社❸を指すものであり、青柏祭が日吉大社およびその摂社である唐崎神社の山王祭と深い関係にあることを表すものである。

▲図1 青柏祭の舞台 七尾市

❶ 大地主神社の由来については、大地主神社蔵の大森重晴（1905）「大地主神社山王廿一社由緒書」『明治三十八年宮司日誌』に基づいて記述している。

❷ みなもとのしたごう。平安中期の歌人で、三十六歌仙の一人。和泉守・能登守。「梨壺の五人」の一人として『後撰和歌集』の撰進、『万葉集』の訓読にあたった。著作として『倭名類聚鈔』、家集『源順集』が伝わる。

❸ 近江坂本の日吉大社、摂社、末社の二十一の神社、上・中・下それぞれ七社の呼称。上は大宮、二宮、聖真子、八王子、客人、十禅師、三宮。中は牛御子、大行事、新行事、早尾、下八王子、王子宮、聖女、下は小禅師、山末、気比、岩滝、剣宮、大宮竈殿、宮竈殿。

一方、京都祇園祭が行われる八坂神社には日吉大社の摂社があるなど両社は比叡山を挟んで関係が深い。青柏祭の曳山行事は日吉大社の山王祭と八坂神社の祇園祭の要素を取り入れて行われており、その構造、伝播の背景が推察される。青柏祭は、西が七尾市小島町の唐崎神社、東は山王町の大地主神社の間で行われている（図1）。

2 無形文化遺産「青柏祭の曳山行事」の縁起

京都祇園祭の山鉾に端を発し全国約1,500か所で行われる山車祭りは、人口の集中の結果起こりうる疫病の退散、怨霊祓いを起源としている。したがって祭りでの山・鉾・屋台行事には、各地での都市の成立後、江戸初期から中期に始められたものが多い［植木 2016：10-24］。しかし、青柏祭の曳山は、能登七尾が中世北陸の最大都市であり城下町と港町の機能を併せ持っていたため、早くも室町中期には京より伝播し、畠山義統の統治時代の1473（文明5）年には始まったとされる［森田 1969：375-389］。

能登の守護畠山家は、細川家・斯波家とともに三管領家として交代で管領を務める最高の家格である［三宅 1942：7-25］。1406（応永13）年からは、畠山満慶が能登、河内、紀伊、越中の四か国を守護として治めたが、室町幕府三代将軍の足利義満没後、満慶の兄である畠山満家が畠山管領家を継ぐ。これによって1408（応永15）年から畠山満慶の支配は能登一国のみとなり、能登畠山家が成立した。その後、能登畠山氏は満慶から義忠、義統と継承される。このうちとくに義統の時代は能登の政治的安定が保たれて繁栄し、戦乱が続く京都から歌人や猿楽❹師など多くの文化人が移り住んだ。こうして育まれた文化力と財力とを併せ持つ畠山氏が山王社の青柏祭に曳山を奉納したことによって、現在に続く曳山行事が始まったのである。

上杉謙信の能登侵攻（1576（天正4）年から1577（天正5）年）による畠山氏の没落後、前田利家が七尾に入って小丸山城を築城し、戦乱で荒廃した七尾を再建する。この時、山王社は前田利家に社殿と青柏祭などの再興を懇願し、それに応えた利家は

❹能楽の源流となった、軽業・奇術や滑稽な物まねなどの芸。奈良時代に唐から伝来した散楽（さんがく）を母体につくり出されたものであり、鎌倉時代頃からこれを職業とする者が各地の神社に属して祭礼などで興行した。室町時代には田楽や曲舞（くせまい）などの要素もとり入れられ、観阿弥・世阿弥父子により能楽として大成された。

社殿を造営し、青柏祭の対となる秋の赤柏祭に猿楽を奉納した。安土桃山、江戸、明治から平成へと、曳山行事は長い歴史のなかで多様な変遷を遂げつつ現代に伝えられている(写真1)。現在の曳山行事を中心的に担うのは、七尾市の鍛冶町、府中町、魚町の町民である。鍛冶町は武具、農工具の製造、府中町は商業、魚町は漁業の専権地域で、明治以前は曳山行事をすることで税の減免を受けていた。

▲写真1
江戸期における青柏祭曳山行事図
当時の日吉山王社(大地主神社)への奉納のようす。明治時代の電線の架設以前は、でか山に鉾が立っていたことがわかる〈『曳山曳行図』大地主神社所蔵〉

青柏祭の曳山行事は、1983(昭和58)年に国の重要無形文化財に指定され、2016(平成28年)には他地域の祭りとともに「山・鉾・屋台行事」としてユネスコの無形文化遺産に記載された。文化庁がユネスコへの記載に際して申請した提案要旨は次の通りである。

- 「山・鉾・屋台行事」は、地域社会の安泰や災厄防除を願い、地域の人々が一体となり執り行う、各地域の文化の粋をこらした華やかな飾り付けを特徴とする「山・鉾・屋台行事」の巡行を中心とした祭礼行事である。
- 祭に迎える神霊の依り代であり、迎えた神をにぎやかし慰撫する造形物である「山・鉾・屋台行事」は、木工・金工・漆・染物といった伝統的な工芸技術により何世紀にもわたり維持され、地域の自然環境を損なわない材料の利用等の工夫や努力によって持続可能な方法で幾世にもわたり継承されてきた。
- 「山・鉾・屋台」の巡行のほか、祭礼に当たり披露される芸能や口承に向けて、地域の人々は年間を通じて準備や練習に取り組んでおり、「山・鉾・屋台行事」は、各地域において世代を超えた多くの人々の間の対話と交流を促進し、コミュニティを結びつける重要な役割を果たしている。
- 「山・鉾・屋台行事」のユネスコ無形文化遺産代表一覧表への記載は、コミュニティが参画した持続可能な方法での無形文化遺産の保護・継承の事例として、国際社会における無形文化遺産の保護の取組に大きく貢献するものである。

表1　青柏祭儀式日程

日	儀式	場所
5月1日	鍛治町筵山清祓祭	大地主神社境内
5月2日	唐崎神社紅葉川除祓式	唐崎神社紅葉川神泉
5月3日	氏子各町神輿渡御清祓／各鉾山清祓祭	府中町、魚町、鍛冶町
	各人形清祓（三町各三体）	各町の人形宿
	鍛冶町曳出祭清祓祭	鍛冶町でか山前
	能登生國玉比古神社魚町御籠潔斎安全祈願祭	能登生國玉比古神社
5月4日	府中町曳出清祓祭	印鑰神社
	青柏祭本儀	大地主神社
	注連縄切神事／道饗祭❺	大地主神社参道
5月5日	鍛冶町曳出清祓祭	大地主神社
	府中町鉾山奉幣祭	印鑰神社
	袴着儀	七尾港
	府中町鉾山曳込奉告祭	印鑰神社
5月6日	青柏祭曳山行事終了奉告祭	大地主神社

▶写真2
青柏祭本儀
でか山3台が大地主神社の門前に引き込まれ、本殿で神事が執行される

青柏祭の曳山行事は、提案要旨に記載される意義と意味を体現している祭礼行事である。毎年、地域社会の安泰や災厄防除を願い、地域の人々が年間を通して祭行事に携わっている。

3 ケガレを祓い、感謝を捧げる青柏祭の神事

現在執行されている神事を表1に示した。ほかに新調の曳山用具等の清祓い、曳山行事参加のケガレ（禁忌）祓いなど、個人を含め諸問題に応じた神事も行われる。

でか山奉納後のいわゆる神事を「青柏祭本儀」と称する（写真2）。神職は青柏祭

❺道饗祭（みちわさい）は、外界から入ってくる疫神などを境域で祀り侵入防除を図る祭り。青柏祭ではそれら鬼や邪を饗応し慰め、祭りへの妨害を防ぎ曳山曳行の安全を願う神事。

本儀の７日前より「大忌」として潔斎を行い祭典の準備をする。５月２日には、唐崎神社紅葉川神泉にて市民の除祓を行う。その後、唐崎神社奥の猿山に祓串を納め、罪穢れを祓い封じる❻。古来、深夜に秘儀として行われていた神事であり、周辺住民は明かりを消して静寂を保ち儀式の終了を待った。

３日には、前祭りと称して神輿渡御が行われる。渡御の目的はでか山および２日夕刻の人形見で披露された人形の清祓いであるが、元は唐崎神社への渡御である。かつては近江の日吉神社の山王祭にならって、府中港から船に神輿を乗せて唐崎神社に向かっていた時期もあった。現在では、唐崎神社にて除祓式の後、唐崎神社の神輿とともに大地主神社に戻り、唐崎神社の神を大地主神社に迎えて本儀を行っている。

３日深夜、鍛冶町、４日早朝、府中町、昼、魚町のでか山がそれぞれ境内に曳き込まれ奉納された後（写真３）、青柏祭本儀が執行される。執行次第は、社務所での修礼（しゅらい）、参進、参道にて修祓（しゅばつ）式、参殿、浅略神楽（せんりゃくかぐら）、祭主一拝、開扉、唐崎大神降神の儀、巫女舞、献饌奏楽、祭主祝詞奏上、神社本庁幣奉献、献幣使祭詞奏上、玉串奉奠（ほうてん）、

---

❻ 申（さる）を神の使いとして大切にしてきた日吉大社との深い関係から、青柏祭も猿との関わりがみられる。とくにでか山の縁起については、以下の猿神伝説が伝わる。「昔、五月のお祭りに、毎年一人の美しい娘を人身御供に差し出さなければならないという言い伝えがありました。ある年の人身御供に決まったのは、お菊という美しい娘でした。お菊の父の九兵衛はとても悲しみ、何とかお菊を助けてもらえないかと、毎晩山王の神様にお詣りをしていました。ある晩お詣りをしていると、神社の中からつぶやく声が聞こえました。『娘を喰う祭りの日が近づいてきたな。楽しみな……。しかし、越後のシュケンはまさか俺様が七尾に潜んでいるとは知るまい』『越後のシュケン？その方にたずねたら助ける方法がわかるかもしれん』と、九兵衛は急ぎ越後に向かいました。

探しに探してようやく巡り合ったシュケンによると、『むかし三匹の猿神がよその国から渡ってきて悪さをしており、私が二匹までは退治したが一匹は取り逃がした。まさか能登の七尾にいるとは知らなかった。急ぎ行って退治しましょう』とのこと。シュケンは全身真っ白な毛で覆われた狼の姿になり、海上を鳥のように飛び、野を越え山を越えてあっという間に七尾に着きました。そしてお祭りの日、シュケンはお菊のかわりに唐櫃に入って神前に供えられました。

祭りの夜は暴風雨で荒れ、シュケンと猿神とが格闘する物凄い物音が、稲光と地響きの中でいつまでも続きました。あくる朝、人々が行ってみると、大きな猿が朱に染まってうち倒れ、シュケンもまた冷たい骸となっていました。人々はシュケンを手厚く葬り、また、猿のたたりを恐れて、人身御供の代わりに３台のでか山を奉納することになりました」。この伝説は市民に広く浸透している。各小学校では毎年この昔話を朝礼で校長から聞き、その後祭りでの行動の注意を諭されていた。

また日吉大社では、「藤」も大切な植物とされてきた。豊臣秀吉の母は日吉大社の神職をしていた樹下家の娘であり、駆け落ちの末に生まれた「サル（秀吉のニックネーム）」は、幼名を「日吉丸」、その後「木下藤吉郎」と名乗ったが、それは「『樹下』家の女性から生まれた『藤』を崇める日『吉』大社に関わる子」に由来しているとする伝承も残る。

▶写真3
大地主神社に奉納された3台のでか山
青柏祭本儀のあとには「町衆の祭り」、「市民の祭り」として、でか山が七尾市内を曳行される

巫女舞、唐崎大神昇神、祭主一拝、浅略神楽、山町総代に三福、幣束を授与、大盃の儀（神酒六升）、祭員降殿、忌火を焚き上げ、注連縄（しめなわ）切の儀、参道にて道饗（みちわ）祭の執行である。注連縄切の儀は、神事から人々の楽しみの曳山行事への変換を意味する。さらに道饗祭で曳行を妨げる鬼や邪との共存を願い、安全を祈願する。

青柏祭本義で柏葉に盛られ奉られる神饌は30台以上である。その内容は、大地主神社より①洗米、②籾、③鏡餅、④神酒、⑤赤鯛、⑥鳥獣、⑦海菜、⑧野菜、⑨山町ふと、⑩果物、⑪菓子、⑫塩水、鍛治町より①蓬莱、②神酒、③干鱈、④金幣、⑤花米、⑥玉串、府中町より①蓬莱、②神酒、③鯣（するめ）、④金幣、⑤花米、⑥玉串、魚町より①蓬莱、②神酒、③刺鯖、④赤貝、⑤金幣、⑥花米、⑦玉串である。

青柏祭祝詞は「掛介巻母畏伎大地主神社乃大前爾祭主恐美恐美白左久」で始まる序部（起首句）から「天津社国津社登称辞竟奉留中爾此乃大宮乎静宮乃常宮登鎮坐須大神乃広伎厚伎恩頼乎尊奉里仰伎奉里氐」の幹部（感謝句、由縁句、奉仕句、献供句）と続き、結尾（結尾句）で国と国民の安寧、弥栄を感謝祈念する。

次に再度氏子および地元七尾の人々への恵みを願い、「世界乃諸々乃国々登交里平和爾有良支米給閉」として、七尾と地域の発展、平和を祈願する。さらに「大神波石乃上古伎天元二年爾船木伐留登云布能登乃国乃国司爾任良比志源順卿深伎厚伎心乎以知氐神随母近津淡海乃国比叡乃山爾鎮坐氐大稜威波比叡乃山乃彌高伎淡海乃海底乃彌深伎乎仰伎尊美奉里」と、能登国の再興と七尾の山王二十一社が近江琵琶湖にならった歴史を述べる。最後に、「小島乃里爾鎮麻留唐崎神社乃神々乎招伎金伎太久鍛治町、都奈須府中町、鰭振留魚町乃福草乃三津乃町々与里……心盡志思乎凝良志……造里設介多留厳志乃鉾山乎末広型爾……公貢乃船乃絶間無久……神壽豊祝仕奉良久登白須」と巨大鉾山（山鉾）を奉納し、五穀の豊穣と国の繁栄、歴史に感謝し、七尾湊の繁栄を祈願する。

その他、唐崎神社紅葉川除祓式の祝詞は特殊である。「神職乎始米氏町里家々乃男女爾至留迄爾今日与里始米氏罪登云布罪咎登云布咎不在　此乃泉乃名爾負布紅葉乃吹久風爾散良須賀如久言祓布留事乎諸々聞食世登宣留」というもので、「七尾の人びとの罪汚れを祓いました」という神からの宣言の形で市民の祭りへの参加を許可し、ケからハレへの移行を宣言する。

4 山建てから解体までを支える人と知恵

青柏祭の曳山行事では、鍛治町、府中町、魚町の三町の山町から３台の通称「でか山」と呼ばれる山車が奉納される。でか山の形状は末広形で、北前船を模したとされる。高さは約12m、上部の開き（長さ）が約13m、幅は上部が約4.5m、下部（車輪間）は約3.6mにおよぶ（図２）。車輪の直径は約2.1m、幅は約0.8mで２t、山車の総重量は約20tと、山車としての体積・重量は日本最大である。明治期市内に電線が張られる以前には、でか山上部に鉾が立てられ、その高さが18mであったと伝わる。

でか山の組み立てを「山建て」という。まず車輪から舞台部分まで木枠の骨組みを組み、そこに舟形になるよう前後に約13mの丸太を５本斜めに立て、横木に多くの竹を用いて碁盤の目状に組み立てる（写真４）。でか山正面の人形歌舞伎の舞台裏は、丸太と竹で組み立てる。ここまでの作業を「地山作り」と呼ぶ。現在はこの基礎部位の構築に大型の建築作業機械を使用しているが、昭和50年代までは滑車を使い人力で行っていた。

山建てでは、50名の若衆が横木を組みながら徐々に上部に上って作業を行う。山建て完了後、山車全体を150枚の筵（むしろ）で覆い、大幕、小幕等で飾り、山車前後の外側に木遣台を据える。なお、組み立てには釘や鎹などは使用せず、藤蔓を編んだ藤綱と藁縄を使った藤搦（ふじからみ）技法を用いる（写真５）。これによって曳行時のでか山の歪みを吸収し、バランスを保つことができる。

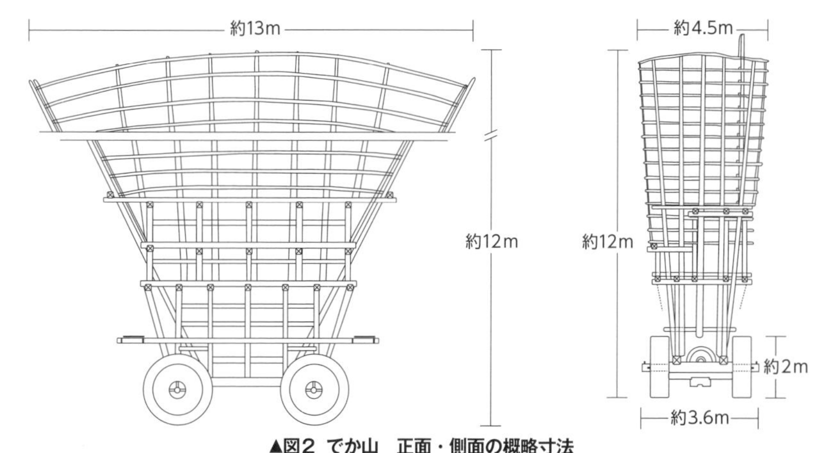

▲図2 でか山　正面・側面の概略寸法
〈青柏祭でか山保存会Webサイト（https://www.nanao-cci.or.jp/dekayama/outline.html）を参考に作成〉

▲写真4 山建て
約13mの丸太を前後5本斜めに立てて、藤蔓および荒縄で基礎を固定する

▲写真5 藤搦技法
釘や金具などはいっさい使わず、藤の蔓を網状に編んだ藤綱と藁縄のみで組み立てる

組み立てられた山の上段正面舞台には、毎年演目を替えた歌舞伎の場面等に合わせて御殿や城、神社仏閣などが立体的に作られ、そこに3体の登場人物の人形を飾る。作業始めである山庫（やまぐら）から車輪を引き出す時には、関係者全員による山建ての安全祈願祭が執行される。

でか山を出す鍛冶町、府中町、魚町の三町は、それぞれの協力町からの分担金と、「ヤッコ」と称して各家や事業所、会社などに出向いて木遣りなどを唄って集めた花（ご祝儀）と行政からの補助金によって、毎年でか山一基あたり約700万円（2017年現在）の費用を賄っている。この浄財に支えられて1か月間を費やしてでか山を作り上げ曳行し、祭り直後１日で解体、山庫に収納する。

5 でか山に顕現する鎮魂の願いと産業技術

民俗学者の折口信夫は、祭りを「他界から来訪する神(まれびと)を迎え、その呪言を聞き、土地の精霊が誓いの言葉で返答する儀式」であり、「服従を表す儀式を分かりやすく表現し、神と人々が供え物を共食し、歌舞を演じる饗宴を行うこと」と定義した。そしてこれが芸能の始まりであると指摘した［折口2002：160-224］。

一方、柳田國男は、日本の祭りを神に「マツラフ」、御側に居る、仕える、奉仕する、思し召しのまま謹んで仕える態度であるとしている。また、人口の流動化による都市の形成は「見物」と称する「信仰をともにせず、審美的な立場から眺める群」を生じさせ、このときが「祭り」が「祭礼」に変わる歴史的転換点であると指摘する。この祭礼化によって神幸行列を華美化する山車、舞い踊りなどの奉納催事が行われるようになったとしている［柳田1978：30-133］。

文化庁のユネスコ無形文化財への登録申請提案要旨において山・鉾・屋台を「祭に迎える神霊の依り代であり、迎えた神をにぎやかし慰撫する造形物である」と定義づけているように、でか山は神霊を迎える依代である。折口は依代を祭りにおいて神を招く装置であり、それは三段階の構成になっているとした。第一段階は標山(しめ)、第二段階は標山の頂上の松や杉、真木などの高木(こうぼく)、一本松や一本杉などの自然物で、第三段階として「依代」「招代(おぎしろ)」が必要となり、後に「人作りの柱・旗竿なども発明せられた」としている。神が降臨する場としての標山と、神が依り憑く依代・招代とを組み合わせて考えており、依代・招代は樹木が原型で、後には人工物も生まれるという変化を説いている。さらに折口は①「標山」と「依代・招代」の提示、②太陽神と髯籠(ひげかご)[7]の造形、③標山と依代の展開、そして④供物とその容器である山車という４段階で祭りの分析概念としての「依代・招代」について理論化している［折口 2002：160-224］。

青柏祭の曳山行事では、三町による３台のでか山それぞれに異なる氏神の神社から、神の依代・招代としての幣束が授けられる。魚町は能登生國玉比古神社、

---

[7] 竹や針金を編んで、編み残しの端を、ひげのように延ばしたかご。山車祭りでは神が山車上部に高く揚げられた髭籠を目印に降りてくる依代とされる。この依代を立てる場所が標山を意味する。

府中町は能登國の印と鑰を象徴する印鑰(いんにゃく)神社、鍛冶町は大地主神社の幣束を授かり、それぞれの神霊を招いて曳行する。また青柏祭本儀の後には、魚町と府中町にも大地主神社から竹御幣が授けられ、神霊が招かれる。さらに、各町でか山の人形飾り舞台には松の生木が立てられ、幣束を授かった神社の神々以外の神霊の依代としての役割を果たしている。

山・鉾・屋台行事の起源である祇園祭は、疫病の流行を鎮めるために朝廷による御霊会が神泉苑で行われたことに始まる[植木2016：10-24]。御霊会は複合的信仰に基づく国家祭祀であり、祭場に当時の国の数に準じた六十六本の矛を立てて災厄の除去を祈ったことに由来する。全国にわたる疫病流行の鎮静のため牛頭天王(素戔嗚尊)を祀り、祟りとして顕現する疫病を鎮めて送り出す疫神の祭りであった。

応仁の乱の後、室町幕府の中央集権的権威が失墜し、政治的中心が地方にも発生して文化圏が形成される[三宅 1942：7-25]。その代表的なものとして、中国地方では大内氏の山口、九州地方では島津氏の坊津、関東地方では北条氏の小田原、近畿地方では自由都市である堺、北陸地方では畠山氏の七尾がある。

畠山家が拠った七尾城は五大山城に数えられ、近年の調査では日本最大級の規模であったことが明らかになりつつある。そして現代にまで伝わるでか山は、滅びた名門畠山氏へのレクイエム(鎮魂)という側面も持ち、祟りを恐れ、これを鎮める目的があった。そして山鉾がでか山へと華美化・巨大化する背景には、それを支える文化と造船などの産業技術が七尾にあったことがあげられるのである。

6 日本最大の山車を動かす曳行技法

鍛冶町の宵山(5月3日21時)、府中町の朝山(5月4日深夜1時)には引手が数百人となり、道幅ぎりぎりに巨大なでか山が曳行され、若衆と引手の高まる緊張感の中での曳行となる。引手への参加は観光客も含めて自由である。でか山は２本の綱に繋がれており、車輪の直前は綱元が気を配り、その後方に市民、子供たち、観光客などが綱を引く。

木遣衆の曳き出し唄の終盤から太鼓と鉦が打ち鳴らされ、同時に前梃子が外されると曳行が始まり、でか山は独特の軋み音とともにゆっくりと動き出す。直線区間では次第に小走りとなり、家の軒や電信柱をかすめ、時には接触して瓦を

▲写真6　梃子掛衆
後見の指示に基づいて左右の前輪に梃子を掛けることで進行方向を調整して進む

▲写真7　切梃子の技法
柄のない梃子を数本並べて置き、その上に車輪を乗り上げさせることで横滑りさせる

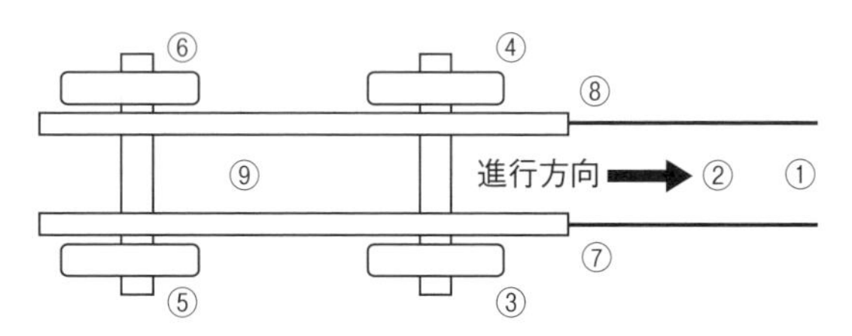

▲図3　でか山曳行時の梃子諸役配置

落とし、電柱を倒す場合もある。この迫力と緊張感こそが曳山行事の醍醐味であり、そこに人々は魅了される。また、でか山曳行最大の見せ場である辻回しにおいても、梃子作業などの専門的作業以外への参加は自由であり、綱を引き、山車の回転にも参加できる。

でか山は総代、役員、委員、後見、世話人、若衆、梃子掛、車元、綱元、木遣り、献燈その他が連携し、組織としての機能を果たす。特に曳行時の役職「後見」は梃子掛の熟練者から選ばれ、曳行のみならず曳行技法の決定など、細部にまで判断、指示をする運行責任者である。後見の指示により梃子掛衆が梃子（中梃子・脇梃子・跳（はね）梃子など数種類がある）を阿吽の呼吸で左右前輪に同時に掛け、進行方向を修正しながら曳行する（写真6）。また木遣り頭からのサイン（危険を察知するとしゃがみ込む）を読み取り瞬時に命令を出す。梃子の傾斜部分には油が塗られ、左右の車を同時に梃子に乗り上げさせて自重による横滑りを起こさせる。

また脇梃子・中梃子のみで修正しきれずに電柱、家屋の軒などに激突・接触することを避けるため、停止中のでか山の左右の車輪の下に柄の無い梃子を数

▲写真8　大梃子による辻回し
差し込んだ大梃子に数人が乗って、テコの原理を使って人力で前輪を浮かせる

▲写真9　辻回し
前輪が浮いたら地車を出し、後輪との３輪で方向を変える

▲写真10　迫り上げ
長い大梃子が使用できない場所では、迫り上げ台というスロープを仕掛けて前輪を浮かせて地車を下す

本、段差をつけて並べ置く「切梃子」という技法がある(写真７)。切梃子を設置すると、その上に車輪が乗り上げることで車輪が横方向に滑り、進行方向を変えることができる。切梃子は中梃子、脇梃子に比べて正確な方向修正が可能であり、この操作は車元の専門技術である。特に道幅の狭い場所や、引手が多く勢いが強いでか山への梃子掛けは度胸と技の見せ所であり、それを担うことは誉である。掛けるタイミング、角度、深さによって梃子の効果は変化する。その瞬間極度に緊張感が高まり、独特の雰囲気につつまれる。

青柏祭の曳山行事の最高の見せ場は「辻回し」である。方向転換では大梃子(8m、150kgの角木)を前輪の車軸の芯に当てがい、若衆十数人が上ってテコの原理で20ｔのでか山の前輪を浮かす(写真８)。このタイミングで横向き地車(曳行中はでか山内部に収納される小型の車輪)を下ろして、二つの後輪と横向きの地車の三つによって90度回転させる(写真９)。

大梃子が使えない辻では「迫り上げ」を行う。前輪前に迫り上げ台(長さ2.5m 幅22㎝の木製スロープ)を設置する(写真10)。この迫り上げ台に上りきったところで地車を下ろし、4輪から3輪の状態にして回転させる。辻回しのための大梃子、迫り上げ、進行方向の修正のための梃子掛けは、日本最大の巨大山車であるでか山の象徴的な伝統技法である。

7 祭りを未来へと継承する曳行技法と組織の存在

柳田國男、折口信夫ともに祭りを非日常の特別な空間「ハレ」と捉えて、「外部からの視線が祭りに決定的な影響を与えた」としている。柳田は「見物」という社会的行為の出現が「祭りから祭礼へ」という歴史的変遷の契機となった点を実証的・歴史主義的に解明し、折口は「見る－見られる」という関係性が「芸能」を発生させる条件となったとした。華やかな山車の巡行はこの柳田、折口の説を象徴的に表す都市祭礼の行事である。都市では生業が異なる人々が集住し、人口の集中は水を介する疫病や火災などの災害を招く。さらには生産性向上のため、都市の地域的共同体では祭りが集団の維持・集約において必然となり、日本全国で山車祭りが盛んになった。

能登畠山氏の治世期に始まった青柏祭の曳山行事は、前田利家が小丸山城を築城した1582（天正10）年頃から都市の再建設・再整備とともに盛大となり、鉾山も巨大化したと考えられる。この時代の祭礼の振興は、江戸の天下祭[8]の例に見られるように、旧来から続いていた地域の例祭に為政者が祭礼道具を寄進し、これによって為政者の祭礼に変化させて神幸祭行列を行う大祭礼化を図り、統治に役立てる意図があった。青柏祭においても、豊臣秀吉の指示で能登の国主となった前田家が祭礼道具や山鉾を奉納して祭礼を厳かに執り行い、新領地である能登の治世に役立てたと思われる。その後前田家は能登畠山文化とともに金沢に拠点を移し、加賀百万石の太守となった。現在でも青柏祭をはじめ七尾近郊の春夏秋の祭りで若衆が感謝を述べる時、「祝賀加賀長珍能矢（しゅくが かが ちょうちんよいやさ）」「祝賀加賀長生（しゅくが かが ちょうせい）

[8] 江戸の総鎮守と称された神田明神の神田祭と産土神とされた山王権現（日枝神社）の大祭である山王祭を指す。徳川幕府は例祭として行われていた祭りに山車を奉納し、祭りを華美なものにして祭礼化し、賑やかな祭りを創出することによって民衆の心を掴み治世に役立てた。上記二つの祭りでは、山車が城内に入って将軍の上覧を得たことから天下祭と呼ばれた。その後、山車は江戸の大火などにより焼失、山車は神輿に代わった。現在、天下祭（神田祭・山王祭）と富岡八幡宮の深川祭が江戸三大祭と称されている。

▲写真11　民家をかすめての曳行
民家との隙間が数センチしかない場所を、伝承された曳行技法を駆使して民家や電柱に当たらぬように進む

弥常」と加賀の殿様の健康長寿を願った掛け声を上げており、祭りの治世への効果が推察できる。

長いでか山の歴史においてとくに著しい華美化・観光化がみられるのは、近代以降の明治後半から大正にかけてである［吉田 2010：28-42］。七尾線の開通した1898（明治31）年、また当時の皇太子（大正天皇）が行啓された1909（明治42）年頃に、日清・日露戦争景気と七尾港の発展のもとで、いわゆる旦那衆が繁栄をみる。しかし政治経済の中心を占めていた旦那衆が力を失うと、でか山は社会的基盤を喪失し、代わって一般町衆によって支えられる祭りとなった。特に藩政期以前より七尾港を中心とした造船、貿易などの産業が発達しており、特権的自治性を備えていた府中町、鍛冶町、魚町では、町のさまざまな変容を超えて地域のアイデンティティが維持され、祭りが継承された。

現在の七尾では、少子高齢化、人口流動による中心市街地の過疎化、商店街の空洞化が著しい。鍛冶町の鍛冶職人、魚町の魚問屋は存在せず、町衆の祭りとして成立するための社会的基盤は失われつつある。これに対処するため、他の地域の曳山祭りと同様、観光化と文化財化による維持継承方法に頼ることになっている。しかし文化財指定は、行政からの補助金という経済基盤の影響と国やユネスコの認定によって、自律性を犠牲にする可能性がある。青柏祭の曳山行事の継承には、各山町が共同体単体で運行する単独の祭礼を超えて、広く祭りの神聖性と遊戯性という「真正性」に賛同する人々が集う「祭礼文化」の成立が必要である。そのためには、一方では歴史的背景、行事の厳粛性を一つの軸とした神聖性、もう一方では芸能性と観光性、そして身体性を軸とした遊戯性の維持が重要となる。

例えば観光的にも有名な祭礼として京都祇園祭は山・鉾・屋台行事の起源であり極めて厳粛な儀式性と華麗な時代絵巻が特徴である［植木 2016：10-24］。その祇園祭の影響を受けた祭りのうち、博多祇園山笠は5㎞を全力で走り抜ける舁山の運動性があり、青森ねぶたは神事を行わない祭りであるが幻想的で激しい身体活動を伴う祭りとして捉えられる。これらと比較すると青柏祭の曳山行事は、京都祇園祭がじかに伝わり、青柏祭千年の背景があり曳山の歴史も500年と古く、儀式の厳粛性が高い。また運行の困難度の高さ、そこから得られる一体感、粋な木遣り唄など高い遊戯性を見ることができる。

現在、各山町のでか山曳行組織に所属する200名前後の若集が普段暮らしている地域は広範にわたり、地縁血縁によって集い、価値観を共有している。日本各地の祭りのなかには、担い手不足による存続の危機に立たされた時、伝統的祭礼が参加条件を緩和して部外者を受け入れ、祭礼組織の民主的再編によって自律性が弱まるという「祭りのイベント化」が指摘される祭りもある[森田 1990: 127-171]。しかし、でか山は広域的に祭り文化を共有し、厳粛な神聖性と遊戯性を維持しているといえる。青柏祭の曳山行事では、でか山の高度な曳行技術が個々の誇りを高め、祭りの真正性を継承し、観光化、文化財化との両立を可能としている。そしてその絶対条件は、曳行組織の継続、専門技術と身体技法の継承にほかならない。

参考・参照文献

植木行宣(2016)「山鉾の祭り――その成立と発展」植木行宣・福原敏男『山・鉾・屋台行事――祭りを飾る民俗造形』東京：岩田書院、pp. 9-140。

折口信夫(2002)『古代研究Ⅰ――祭りの発生』東京：中央公論新社(中公クラシックス)

寒川恒夫(2003)『遊びの歴史民族学』東京：明和出版。

薗田稔(1990)『祭りの現象学』東京：弘文堂。

三宅邦吉(1942)『能登畠山史要』東京：畠山一清。

森田三郎(1990)『祭りの文化人類学』京都：世界思想社。

森田平次(1969)『能登志徴――森田平次遺稿』石川：石川県図書館協会。

柳田國男(1978)『新編 柳田國男集 第5巻』東京：筑摩書房。

吉田竜司(2010)「伝統的祭礼の維持問題――岸和田だんじり祭における曳き手の周流と祭礼文化圏」『龍谷大学社会学部紀要』37: 28-42。

あとがき

本シリーズの出版は、金沢星稜大学における平成28年度の人文学部国際文化学科の開設に端を発している。グローバルな視野をもって地域社会に役立つ人材の育成をめざす「比較文化学」教育の入門書としての活用を考え取り組んでいるものであり、本シリーズでは、ヒトの暮らしを支えるさまざまな文化要素をテーマに掲げている。

第３巻である本書は、「祭り」をテーマに、祭りという行為が人間にとってどのような意味を持つのかについて比較文化学的に探究したものである。祭りに相当する活動はあらゆる地域や民族の間に存在し、そこからは宗教や生業、歴史、そしてコミュニティの在り方を読み取ることができる。また、伝統的なものに加え、今まさに生まれ変化していく祭りもある。専門領域・地域を異にする研究者による日本・世界各地の祭りについての比較文化学的議論をとおして、祭りに込められた民族性と地域性とを少なからず浮かび上がらせることができたのではと思っている。

本書には、多様な地域の祭りを比較する視点を探りながら祭りの本質について議論した座談会を軸に、それを補強する５篇の論考を収録している。いずれにも、金沢星稜大学人間科学部教授であり、七尾市大地主神社の宮司でもある大森重宜氏の参加を得た。現役の神職として祭りの当事者の立場にもある大森氏の参加によって、祭りの意義や継承、祭りの現状と未来の問題をより浮き彫りにすることができたと考えている。

本書の出版は、金沢星稜大学総合研究所のプロジェクト研究所に採択された「比較文化学教育研究所」(平成28年度〜31年度)の「グローバルな世界情勢に対処できる人材育成のための比較文化学の教育方法と課題に関する研究」の一環として可能となったものである。金沢星稜大学総合研究所の研究助成に感謝したい。

また、本書の出版は、シリーズの第１巻、第２巻と同様に、英明企画編集株式会社松下貴弘氏のきめ細かい編集助言なくしてはできあがらなかったものである。この場を借りて氏に改めて感謝の意を表したい。

編者 **山田孝子・小西賢吾**

写真クレジット

（　）内は撮影年を示す。

- 2ページ、4ページ1段目、8ページ左から1列目1段目、29ページ下、50ページ……山田孝子（2016）
- 3ページ、5ページ3段目、6ページ右3段目、6ページ中央3段目、9ページ左上、26ページ、29ページ上、58ページ、65ページ右上、81ページ……山田孝子（2009）
- 4ページ2段目、85ページ、87ページ……小磯千尋（2006）
- 4ページ3段目、109ページ右下、131ページ……小西賢吾（2013）
- 4ページ4段目、6ページ右1段目、23ページ、83ページ上、83ページ2段目、84ページ、91ページ……小磯千尋（2007）
- 4ページ5段目、8ページ左から2列目2段目、8ページ左から3列目2段目、65ページ左上、68ページ、71ページ、109ページ左上、122ページ……© 石川県観光連盟
- 5ページ1段目、9ページ右上、15ページ……山田孝子（2013）
- 5ページ2段目、8ページ左から4列目1段目、130ページ……小西賢吾（2005）
- 5ページ4段目、7ページ左3段目、24ページ……小西賢吾（2009）
- 5ページ5段目、9ページ右下、99ページ、103ページ、104ページ……金沢市提供
- 6ページ左1段目……https://commons.wikimedia.org/wiki/File:Midsummerinsweden_09.JPG ©Einarspetz
- 6ページ左2段目……©Andreas-Fotolia
- 6ページ左3段目……©Cavan Images-Fotolia
- 6ページ中央1段目……©iStockphoto.com/mustafa6noz
- 6ページ中央2段目……藤本透子（2015）
- 6ページ右2段目……©Kristin-Fotolia
- 7ページ左1段目、65ページ左下、79ページ左……サルナ（薩日娜）（2017）
- 7ページ左2段目、14ページ左、137ページ……小西賢吾（2007）
- 7ページ中央1段目、49ページ、79ページ右……山田孝子（1996）
- 7ページ中央2段目……©Orhan Çam-Fotolia
- 7ページ中央3段目……©Matyas Rehak-Fotolia
- 7ページ右1段目……©Curioso Photography-Fotolia
- 8ページ左から1列目2段目、52ページ、109ページ左下、117ページ……山田（2015）
- 8ページ左から1列目3段目……©kitsune-Fotolia
- 8ページ左から2列目1段目……山田孝子（1999）
- 8ページ左から2列目3段目……©飛騨市
- 8ページ左から2列目4段目、9ページ左下、14ページ右……山田孝子（1973）
- 8ページ左から3列目1段目……©takahashikei1977-Fotolia
- 8ページ左から3列目最下、31ページ……山田孝子（2012）
- 8ページ左から4列目2段目、65ページ右下、78ページ……©公益財団法人祇園祭山鉾連合会

●8ページ左から4列目3段目……©airpebble-Fotolia

●19ページ、83ページ下、86ページ下……小磯千尋(2012)

●34ページ……煎本孝(1993)

●42ページ……ハンティのインフォーマントから提供

●44ページ……煎本孝(2009)

●45ページ……山田孝子(1992)

●46ページ、47ページ……煎本孝(2005)

●53ページ……山田孝子(2017)

●55ページ……山田孝子(2003)

●57ページ……山田孝子(1990)

●72ページ、112ページ、141ページ、145ページ、147ページ、149ページ、152ページ、153ページ、155ページ……鍛冶町でか山保存会提供

●86ページ上、88ページ……小磯千尋(2004)

●92ページ……小磯千尋(2005)

●97ページ上、107ページ……©mtaira-Fotolia

●97ページ下、100ページ……本康宏史(2015)

●109ページ右上、118ページ、127ページ上、133ページ、134ページ上……小西賢吾(2017)

●127ページ下、138ページ上……小西賢吾(2008)

●134ページ下……小西賢吾(2015)

●138ページ下……小西賢吾(2018)

索引

祭り、儀礼、関連神事・行事／民族・集団／事項／人名

●祭り、儀礼、関連神事・行事

●民族・集団

●事項

●人名

編者・執筆者一覧

大森 重宜（おおもり しげのり）

◉所属……金沢星稜大学人間科学部スポーツ学科教授

◉専門……スポーツ人類学、身体運動文化

◉研究テーマ……身体運動文化（Physical Arts）としてのスポーツ、武道、舞踊、芸能、祭りの身体性と心性

◉主な著書（論文）

- 『よくわかるスポーツ人類学』（共著、ミネルヴァ書房、2017年）
- 『現代人のための健康づくり』（共著、北國新聞社、2014年）
- 「七尾祇園祭にみる能登の民族スポーツ『キリコ祭り』」（『金沢星稜大学人間科学研究』6（1）: 45–50、2012年）

小磯 千尋（こいそ ちひろ）

◉所属……金沢星稜大学教養教育部准教授

◉専門……インドの宗教・文化

◉研究テーマ……ヒンドゥー教におけるバクティ、マハーラーシュトラ地域研究、インド食文化

◉主な著書（論文）

- 「中世バクティ詩人にみる浄・不浄観」（『金沢星稜大学人文学研究』1(1)：59-69、2016年）
- 「インド――ヒンドゥー教とジャイナ教」（南直人編『宗教と食』（食文化フォーラム32）所収、ドメス出版、2014年）
- 『ヒンディー語のかたち』（白水社、2013年）
- 『世界の食文化８ インド』（小磯学と共著、農山漁村文化協会、2006年）

小西 賢吾（こにし けんご）

◉所属……金沢星稜大学教養教育部准教授

◉専門……文化人類学

◉研究テーマ……宗教実践からみる地域社会・共同体論。チベット、ボン教徒の民族誌的研究

◉主な著書（論文）

- 『四川チベットの宗教と地域社会——宗教復興後を生きぬくボン教徒の人類学的研究』（風響社、2015年）
- "Inter-regional relationships in the creation of the local Bon tradition: A case study of Amdo Sharkhog," *Report of the Japanese Association for Tibetan Studies* （『日本チベット学会会報』60: 149–161、2014年）
- 「興奮を生み出し制御する——秋田県角館、曳山行事の存続のメカニズム」（『文化人類学』72（3）:303–325、2007年）

Achim Bayer（アヒム・バイヤー）

◉所属……金沢星稜大学人文学部准教授

◉専門……仏教学、比較文化学

◉研究テーマ……仏教思想史 、仏教倫理学、現代仏教、比較文化

◉主な著書（論文）

- *The Theory of Karman in the Abhidharmasamuccaya*（Tokyo: International Institute of Buddhist Studies、2010年）
- "The Ethics of Kingship and War in Patrul Rinpoche's Words of My Perfect Teacher and the Last Buddhist Rulers of Derge"（In Charles Ramble and Jill Sudbury, eds., *This World and the Next: Contributions on Tibetan Religion, Science and Society*, Proceedings of the Eleventh Seminar of the International Association for Tibetan Studies, Königswinter 2006. Andiast, Switzerland: IITBS（International Institute for Tibetan and Buddhist Studies GmbH）pp. 81-106、2012年）
- "School Affiliation of the Abhidharmasamuccaya in the Light of Tibetan Scholasticism"（*Bojo Sasang, Journal of Bojo Jinul's Thought*, 36: 55-96、2011年）

本康 宏史（もとやす ひろし）

◉所属……金沢星稜大学経済学部教授

◉専門……日本近代史・地域史・産業史

◉研究テーマ……石川県を中心とした北陸地域の近代的展開

◉主な著書（論文）

- 『イメージ・オブ・金沢──“伝統都市”像の形成と展開』（編著、前田印刷出版部、1998年）
- 『石川県の歴史』（高沢祐一、東四柳 史明、橋本哲也、川村好光との共著、山川出版社、2000年）
- 『軍都の慰霊空間──国民統合と戦死者たち』（吉川弘文館、2002年）
- 『からくり師大野弁吉の時代──技術文化と地域社会』（岩田書院、2007年）
- 『大名庭園の近代』（小野芳朗、三宅拓也との共著、思文閣出版、2018年）

山田 孝子（やまだ たかこ）

◉所属……金沢星稜大学人文学部教授／京都大学名誉教授

◉専門……文化人類学、比較文化学

◉研究テーマ……チベット系諸民族の宗教人類学的・民族誌的研究、琉球諸島・ミクロネシアの自然誌的研究、アイヌ研究、シャマニズム、文化復興、エスニシティ

◉主な著書（論文）

- *Migration and the Remaking of Ethnic/Micro-Regional Connectedness*（Senri Ethnological Studies no. 93、Toko Fujimotoとの共編著、Suita, Osaka: National Museum of Ethnology、2016年）
- 『南島の自然誌──変わりゆく人－植物関係』（昭和堂、2012年）
- 『ラダック──西チベットにおける病いと治療の民族誌』（京都大学学術出版会、2009年）
- *The World View of the Ainu: Nature and Cosmos Reading from Language*（London: Kegan Paul、2001年）、
- *An Anthropology of Animism and Shamanism*（Bibliotheca Shamanistica, vol.8, Budapest: Akadémiai Kiadó、1999年）
- 『アイヌの世界観──「ことば」から読む自然と宇宙』（講談社（選書メチエ）、1994年）

James E. Roberson（ジェームス・ロバーソン）

◉所属……金沢星稜大学人文学部教授

◉専門……文化人類学（日本研究）

◉研究テーマ……日本における仕事や男性性、戦後沖縄のポピュラーミュージック

◉主な著書（論文）

- *Japanese Working Class Lives*（Routledge、1998年）
- *Men and Masculinities in Contemporary Japan*（共著、Routledge Curzon、2003年）
- *Islands of Discontent*（共著、Rowman & Littlefield、2003年）
- 『仕事の人類学』（共著、世界思想社 2016年）
- 「「沖縄」を描くということ」（桑山敬已（編著）『日本はどのように語られたか――海外の文化人類学的・民俗学的日本研究』所収、昭和堂 2016年、pp.115-149）

シリーズ 比較文化学への誘い3

祭りから読み解く世界

発行日 ――― 2018年6月26日

編　著 ――― **山田孝子・小西賢吾**

発行者 ――― 松下貴弘
発行所 ――― 英明企画編集株式会社
〒604-8501 京都市中京区御幸町通船屋町367-208
電話 075-212-7235
http://www.eimei-information-design.com/

印刷・製本所 ― モリモト印刷株式会社

Published by Eimei Information Design, Inc.
Printed in Japan　ISBN 978-4-909151-03-2